MAHAMUDRA

Lama Thubten Yeshe

MAHAMUDRA
como descobrir a nossa verdadeira natureza

Editado por
Robina Courtin

Traduzido por
Terezinha Vilela Mesquita

LÚCIDA LETRA

Título original: Mahamudra: how to discover our true nature

Coordenação editorial: Vítor Barreto
Tradução: Terezinha Vilela Mesquita
Revisão: Elisa Mesquita e Nádia Ferreira
Projeto gráfico, capa e diagramação: Aline Paiva

1ª edição 06/2020

Dados Internacionais de Catalogação na Publicação (CIP)

T532m Thubten, Yeshe, 1935-1984.
Mahamudra : como descobrir a nossa verdadeira natureza / Lama Thubten Yeshe ; editado por Robina Courtin ; traduzido por Terezinha Vilela Mesquita. – Teresópolis, RJ : Lúcida Letra, 2020.
176 p. ; 21 cm.

Inclui glossário.
ISBN 978-65-86133-04-2

1. Budismo tibetano. 2. Mahamudra. 3. Meditação. 4. Consciência. I. Courtin, Robina. II. Mesquita, Terezinha Vilela. III. Título.

CDU 294.3:242

Índice para catálogo sistemático:
1. Budismo tibetano : Meditação 294.3:242
2. Budismo tibetano : Mahamudra 294.3:242
(Bibliotecária responsável: Sabrina Leal Araujo – CRB 8/10213)

Sumário

Prefácio da editora

Lama Thubten Yeshe (1935–1984) deu instruções sobre a meditação mahamudra a setenta de seus alunos durante um retiro de duas semanas no inverno australiano de 1981, de 2 a 15 de agosto. O anfitrião foi o Atisha Center, situado em quinze hectares de mata plana e de baixo crescimento a oeste da pequena cidade de Eaglehawk, a 150 quilômetros ao norte de Melbourne, no estado sudeste de Victoria. No início daquele ano, a propriedade fora oferecida à Fundação para a Preservação da Tradição Mahayana (FPMT), criada por Lama Yeshe, pelo pai de Ian Green, um dos estudantes.

Nada havia sido construído ainda; então, o retiro foi realizado em uma pequena igreja de madeira que ficava nas vizinhanças, em Sandhurst Town, réplica de uma vila da era do ouro vitoriana de meados do século XIX, administrada pela família Green para fins turísticos. Os voluntários fizeram uma reforma completa no interior da igreja a tempo do evento.

O Lama prestou homenagem ao "grande iogue indiano" Atisha e ao que chamou de "Atisha australiano":

Lama Yeshe na cidade de Sandhurst, antes do retiro. Seu estilo casual disfarçava o fato de o Lama ser um erudito e um iogue.

O Atisha Center tem um nome auspicioso. O grande iogue indiano Atisha (982-1054), que ensinou no Tibete durante os últimos anos de sua vida, teve sucesso em sua prática de mahamudra e descobriu seu próprio mahamudra. Do ponto de vista tibetano, Atisha era um Buda, um ser iluminado.

Este lugar tem a energia desse iogue, bem como a energia do Atisha australiano, o homem que ofereceu o local. Este homem não é budista, mas, em seu coração, talvez seja.

As instruções desse retiro de duas semanas formam a maior parte deste livro, complementadas com os conselhos que o Lama deu em retiros realizados por dois de seus centros da FPMT, o Instituto Vajrapani, na Califórnia, em 1977, e o Maitreya Instituut, em Amsterdã, em 1981. Nove meses depois do evento do Atisha

Center, em março de 1982, o Lama também ofereceu aconselhamentos na Índia durante a primeira Celebração da Experiência Iluminada, uma maravilhosa festa de ensinamentos, iniciações e retiros de seis meses.

Organizados por Lama Yeshe, em especial para seus alunos ocidentais – centenas de participantes –, muitos dos ensinamentos e iniciações foram dados por seus próprios gurus, inclusive Sua Santidade, o Dalai Lama.

Lama Yeshe solicitara à Sua Santidade, o Dalai Lama, que fizesse um comentário sobre o mesmo texto que ele havia utilizado no Atisha Centre, do Primeiro Panchen Lama, Losang Chokyi Gyaltsen: *A autoestrada dos conquistadores: o texto-raiz do mahamudra da preciosa tradição oral Genden.* (Este comentário foi editado por Alexander Berzin, que o traduziu para Sua Santidade no evento, tendo sido incorporado a outros ensinamentos e publicações, como *O mahamudra da tradição Gelug/Kagyü.*

No retiro, Lama Yeshe explicou que mahamudra é um nome dado à "realidade universal da vacuidade, da não-dualidade":

> a natureza inerente a todos os fenômenos. Existe igualmente em todas as coisas: orgânicas, não orgânicas, permanentes, impermanentes, inclusive todos os seres...
>
> Talvez você esteja pensando que se o mahamudra é sobre a vacuidade, então você ouviu falar do mahamudra muitas vezes antes. Você está certo; os ensinamentos não são tão diferentes. Mas a abordagem única desta apresentação é a ênfase na meditação – a *experiência* da vacuidade em vez de explicações sobre o que isso significa.

Na meditação mahamudra, diz o Lama, o objeto da concentração é a nossa própria mente, em particular sua claridade, sua natureza convencional. E como Sua Santidade diz em seus comentários, finalmente o objetivo é perceber a vacuidade da mente, sua natureza última.

> Se explicarmos nos termos da tradição do caminho do meio, de uma visão correta da realidade, o método usual para obter o entendimento correto é perceber a vacuidade de uma pessoa – do "eu" convencional. Para tanto, analisamos o modo de existência de uma pessoa nos termos dos cinco agregados como base para rotulá-la...
>
> Na tradição mahamudra, no entanto, embora ainda tomemos como base os cinco agregados para rotular uma pessoa, nos concentramos principalmente no agregado da consciência como aquele que atende a essa função. Assim, a tradição mahamudra apresenta uma visão correta da realidade em termos da vacuidade da mente.

Primeiro, porém, é necessário perceber o vazio do próprio eu da pessoa. Lama Yeshe diz para começar focando nos pensamentos: o que quer que surja em nossa mente. Quando a consciência se instala, focalizamos sua claridade. Uma vez que exista um nível razoável de concentração, a fim de reconhecer que não existe um eu independente, o Panchen Lama diz: "Investigue inteligentemente com sutil consciência a essência do indivíduo que está meditando, justo como um pequeno peixe que se move em águas translúcidas sem causar qualquer perturbação".

Em seu comentário, Sua Santidade explica o próximo passo:

> Após obtermos convicção da falta de identidade verdadeira e inerente com base em nosso próprio eu, nós nos voltamos para... outros fenômenos...
>
> Como parte desse processo, agora tomamos a mente como base para a vacuidade – em outras palavras, como base vazia de existir de qualquer maneira fantasiosa e impossível. Inspecionamos e analisamos a mente com a visão correta para obter uma compreensão decisiva de sua natureza de vacuidade.

Durante todo o retiro, muitos dos ensinamentos foram dados como meditações guiadas, com o Lama enfatizando a experiência da vacuidade de si mesmo. O Lama inspirou os alunos a irem além do vício do ego, a um senso limitado de eu, e a provarem da leveza e da expansividade de sua própria mente, seu próprio ser. Como sempre, suas palavras não são somente experimentais, como também diretas, engraçadas, enganosamente simples e incrivelmente encorajadoras – a iluminação parece possível. E, como sempre, em seu desejo de contrariar uma tendência da sociedade contemporânea de mistificar a meditação, ele traz as instruções diretamente até a Terra, tornando-as factíveis mesmo para os iniciantes. Esforça-se para explicar o significado do que, de outra forma, permaneceria meramente intelectual ou secreto.

E não há limite para a criatividade do Lama em encontrar formas de como fazer isso. Por exemplo, o Lama usa vinte e um termos diferentes para "aflição", o termo principal usado na psicologia budista – que ele não usa! – para referir-se a estados mentais como apego, raiva e aferramento primordial a um eu independente. Alguns dos termos são variações de sinônimos aceitos, mas a maior parte é de sua própria criação: conceito artificial, pensamentos confusos, conceito contraditório, delusão, pensamento deludido, conceito dualista, quebra-cabeça dualista, pensamento dualista, pensamento fanático, fantasia, alucinação, projeção alucinada, visão alucinada, conceito impuro, conceito limitado, equívoco, conceito errôneo, energia mental negativa, projeção, superstição, concepção incorreta.

Seu estilo descontraído e suas palavras casuais desmentem a realidade de que ele era um erudito, mas são, talvez, evidências de que o Lama era também um iogue, um detentor de conhecimento (em tibetano, *rigzin*). Tudo parece simples, porque ele fala de sua própria experiência.

Ao fim do retiro, o Lama deu aos alunos um sabor de mahamudra sob a perspectiva do tantra, de acordo com a tradição dos lamas de linhagem, os quais, segundo ele, se iluminaram com essa prática.

E como pré-requisito, foi dada uma iniciação para a mais alta prática de ioga-tantra de Heruka Chakrasamvara antes dos ensinamentos, a primeira conferida na Austrália.

Se você quiser saber mais sobre o mahamudra tântrico, leia O êxtase do fogo interior, de Lama Yeshe. E como a ioga da deidade é um componente crucial desta abordagem do mahamudra, você também pode estudar o livro *Becoming the compassion Buddha*

(*Tornando-se o Buda da Compaixão*) e o *e-book Universal love: o método de ioga de Buda Maitreya* (*Amor universal: tornando-se Buda Maitreya*). O Lama dá também ensinamentos tântricos em seu livro de grande vendagem *Introdução ao tantra*, em *Becoming vajrasattva* (*Tornando-se vajrasattva*) e em outros materiais dos vastos recursos on-line disponíveis no Lama Yeshe Wisdom Archive.

O principal discípulo de Lama Yeshe, Lama Thubten Zopa Rinpoche – que assumiu a direção espiritual da FPMT após a morte do Lama em março de 1984 –, fala sobre seu guru:

> Lama Yeshe era um grande praticante tântrico, um verdadeiro meditador que exercia o ascetismo, mesmo que não vivesse sozinho em uma caverna. O Lama era um grande iogue oculto. Era uma base válida para ser rotulada de "iogue", não porque pudesse realizar rituais tântricos, mas porque tinha realizações inequívocas da clara luz e do corpo ilusório. Lama Yeshe alcançou o estágio do tantra mahamudra.

Em 14 de agosto, um dia antes do término do retiro, Lama convidou Ian Green e outro aluno, Garrey Foulkes, para passearem juntos pelos acres não utilizados do Atisha Centre. Como se já estivesse familiarizado com o local, o Lama liderou o caminho até uma colina suave nas matas que eram planas em sua maioria, e anunciou que aquele era o local de uma *grande* estupa - uma representação da mente iluminada – com uma *grande* sala de meditação no interior. Apontando para pontos no cerrado próximo, ele disse: "*Aqui* será uma aldeia para leigos e *lá,* uma casa de hospedagem". Por fim, levando Ian e Garry para uma outra colina, o Lama declarou que ali haveria um mosteiro.

Trinta e sete anos depois, toda a área está florescendo. O Atisha Center realiza cursos de budismo tibetano e retiros por todo o ano. O Mosteiro Thubten Shedrup Ling é um belo ambiente para até vinte monges, e foi criado também um local para as monjas, o Machig Labdron Nunnery.

Existem planos para o desenvolvimento da Vila Lama Yeshe, um centro de assistência a idosos que incluirá serviços de cuidados paliativos, bem como uma escola primária, um hotel, um restaurante e outras instalações.

Finalmente, a grande peça central da visão de Lama Yeshe, a Grande Estupa da Compaixão Universal, uma réplica da construção do século XV de Gyantse, no Tibete. Nessa construção há, de fato, "uma grande sala de meditação interna", que pode acomodar duas mil pessoas, e que está bem adiantada. Um projeto de décadas, trata-se da maior estupa do mundo ocidental (stupa.org.au).

Sou grata a Yangsi Rinpoche, da Maitripa College, em Portland, Oregon, nos Estados Unidos, e a Geshe Loden, do Instituto Vajra Yogini, próximo a Toulouse, na França, por esclarecerem alguns pontos. Agradeço a Norma Quesada por revisar a transcrição das palavras de Lama Yeshe e sua edição inicial – muito útil. Agradecemos também a David Kittelstrom, da

Wisdom, e a Daniel Aitken e sua equipe pelo entusiasmo; a Nicholas Ribush e Gordon McDougall, do Lama Yeshe Wisdom Archive; a Voula Zarpani, por sua tradução do texto do Panchen Lama; a Marije van de Vlekkert pela reconstituição da xilogravura do Panchen Lama, do século XVII, reproduzida na página 28; e a François Lecointre e Violette Pliot-Lecointre por me oferecerem, ano após ano, o espaço abençoado do Instituto Vajra Yogini para trabalhar.

Robina Courtin

Parte 1
Preparando-se para o Mahamudra

1. O mahamudra está para além das palavras

O grande selo: vacuidade

De acordo com o budismo tibetano, o mahamudra é um dos ensinamentos mais avançados de Buda. *Mahamudra* é uma palavra sânscrita: *maha* significa "grande" e *mudra* pode ser traduzida como "selo". Quando você me empresta cem dólares, fazemos um contrato e o selamos, certo? Isso significa: "Tenho a obrigação de lhe devolver no próximo ano". Você tem o documento de garantia.

Contudo, *este* selo, este grande selo, não é um selo físico feito em uma fábrica. É a realidade universal da vacuidade, da não-dualidade, da não-autoexistência. Existe em todos os fenômenos, inclusive nos seres sencientes. Também não é um conceito filosófico criado. Não importa se você o aceita ou nega. Se eu disser: "Não acredito que exista uma Terra; não acredito que exista o Sol", que importância isso tem? Mesmo que eu rejeite a existência do Sol, estou de pé sob os raios do Sol. Mesmo que eu negue a existência da Terra, eu estou de pé na Terra.

A realidade da não-dualidade é inevitável. Essa é a natureza inerente a todos os fenômenos. Existe igualmente em todas as coisas: orgânicas, não orgânicas, permanentes, impermanentes, inclusive todos os seres. Existe sempre dentro de nós. O nome que lhe damos é *mahamudra*.

O mahamudra leva você para além do medo

O problema é que acreditamos exatamente e de maneira absoluta no oposto da não-dualidade. Agarramo-nos a um eu dualista – um eu autoexistente, real e independente. Nós o compreendemos desde que estávamos no ventre de nossa mãe – na verdade, a crença nesse ego nascido simultaneamente tem estado conosco desde os tempos sem princípio. Está além dos fatores intelectuais. Até as formigas e os cachorros têm esse eu. E como afirma o grande estudioso mahayana Dharmakirti, essa crença primordial em um "eu" separado cria o conceito de "outro". Dessa tremenda lacuna surge a evolução de todo o samsara, o ciclo da existência.

Para eliminar essa visão alucinada, precisamos perceber mahamudra, a não-dualidade. A realização do mahamudra elimina as concepções errôneas e destrói a energia nuclear do ego. Isso é revolucionário – mais revolucionário do que qualquer ideologia política. E isso pode levá-lo absolutamente para além do medo. O mahamudra é o antídoto contra o medo. Isso é tão belo!

O mahamudra está para além das palavras

Na meditação mahamudra, não há doutrina, nem teologia, nem filosofia, nem Deus, nem Buda. Nós vamos além do nome, além de forma e cor, além daquilo que é relativo, além da autoimagem, além da compaixão. Com nossa própria consciência, podemos experimentar o universal, a infinitude. Podemos apenas *ser* na experiência da totalidade.

Usando a terminologia budista, dizemos que o mahamudra está para além do surgimento e além da cessação. O mahamudra é apenas *experiência*. No momento em que digo palavras, você as interpreta desta ou daquela maneira, e isso se torna um problema. Não confie em minhas palavras – são as falsas palavras da minha superstição. O budismo pensa assim. Não importa que palavras eu diga, todas ainda vêm de minhas concepções. Você precisa ir além das palavras.

Também dizemos que o mahamudra não tem dimensão, não tem natureza distinta e nem causa ou efeito. Lembre-se: quando Buda Shakyamuni atingiu a iluminação, ficou em silêncio por várias semanas; sentia que não era possível expressar a experiência mahamudra profunda e universal para os outros. Coisas tão profundas não podem ser explicadas a quem ainda não alcançou o mesmo estágio.

Duas abordagens para a realização da vacuidade

Você talvez esteja pensando que se o mahamudra trata da vacuidade, então você já ouviu falar do mahamudra muitas vezes antes. Você está certo; os ensinamentos não são tão diferentes. Mas a abordagem única desta apresentação é a ênfase na meditação – a *experiência* da vacuidade, em vez de explicações sobre o que isso significa.

No texto-raiz do mahamudra que adoto aqui, o Panchen Lama Losang Chokyi Gyaltsen diz que há duas abordagens para se perceber a vacuidade.

Entre as duas abordagens – (1) buscar a meditação na quietude mental com base na visão; e (2) buscar a visão com base na meditação na quietude mental –, a explicação, aqui, segue a segunda abordagem.

Em geral, ouvimos que Lama Je Tsongkhapa, o fundador da nossa linhagem Gelug, diz que primeiro devemos estudar, depois analisar e depois meditar. Em outras palavras, devemos "buscar a meditação com base na visão". Mas o Panchen Lama, uma das principais figuras dos Gelugpas e especialista na tradição de Lama Tsongkhapa, diz aqui que podemos meditar primeiro, *depois* buscar o mahamudra, a vacuidade. Podemos "buscar a visão com base na meditação".

Qual é o método correto? Bem, ambos estão certos. No entanto, nós aqui estamos seguindo a segunda abordagem.

A primeira abordagem: aprender primeiro sobre a vacuidade e depois meditar

Quando eu estudava no mosteiro, usávamos a primeira abordagem. Líamos muito, memorizávamos, recitávamos e debatíamos os textos filosóficos todos os dias. A filosofia budista é sofisticada, intelectual e envolve um pensamento altamente complexo. Eu pensei que, se entendesse toda a filosofia, o caminho do meio, tudo, eu deixaria o ego em nocaute. Pensei muito sobre isso. Verifiquei, verifiquei, verifiquei – e então percebi que minha concepção não era verdadeira. E fiquei chocado! Percebi que, mesmo que eu conhecesse todos os textos budistas e os entendesse intelectualmente, isso jamais tocaria meu coração, a menos que eu meditasse.

Quando aprendemos as palavras em si mesmas, não há satisfação; o problema do ego não fica resolvido. E agora olho para muitos dos meus alunos: eles leem muitos livros! Toda a filosofia, a psicologia, tantas informações. Toda essa leitura, leitura, leitura!

É claro, com essa abordagem, também devemos meditar. Lama Tsongkhapa fala sobre a união dos três sabores que surgem ao ouvir, analisar e meditar. Em tibetano dizemos *trojung*, *sangjung* e *gomjung*. Mas, às vezes, as pessoas entendem isso de forma errada. Ouvem dizer que nós, Gelugpas, estudamos por vinte ou trinta anos e pensam que isso significa que você ouve primeiramente por vinte anos, depois verifica por mais vinte anos e, finalmente, entra em meditação. De fato, desde o início integramos essas três sabedorias, que praticamos simultaneamente e a cada estágio do nosso desenvolvimento – isso é uma questão de proporção.

Porém, há o perigo de que todo esse conhecimento seja meramente intelectual. Se você não for além do nível intelectual, sua mente não será transformada. É como se o conhecimento permanecesse nos livros e você estivesse separado desse conhecimento. Você nunca poderá se livrar do ego assim, e o objetivo acaba se perdendo.

A segunda abordagem: meditar primeiro, depois realizar a vacuidade

É extremamente difícil derrubar o ego. Não é possível buscar as projeções do ego filosoficamente, pelo intelecto. Quando se pratica mahamudra, o intelecto é o inimigo. É preciso ir além do intelecto – você precisa meditar. Desse modo poderá ocorrer uma transformação real.

Temos que entender, disse Buda Maitreya, que o Dharma relativo, tudo o que está nos livros, é como uma ponte. A ponte é útil para atravessar o rio, mas depois de atravessá-la, é... "Adeus, ponte!", não é mesmo? É preciso tocar o coração. Depois de experimentar a natureza fundamental de seu próprio eu, sua própria consciência, dá-se um adeus a todos os conceitos filosóficos.

A filosofia é o instrumento que usamos para ir *além* da servidão, mas ainda é servidão, certo? Não estou tentando ser revolucionário! É lógico, a filosofia é *boa*; é inacreditavelmente profunda, devemos respeitá-la. Mas somos buscadores, e nós podemos cometer erros. Podemos interpretar erroneamente os ensinamentos. Por isso precisamos desenvolver a habilidade de ir *além* da filosofia. Não devemos ter medo de ir além!

Quando os grandes iogues Milarepa e Lama Tsongkhapa partiram em retirada para as montanhas, não levaram seus livros; transcenderam as escrituras, foram além da tinta, além das canetas Parker. E até mesmo quando menino, Lama Tsongkhapa meditava e comunicava-se diretamente com Manjushri, o Buda da Sabedoria. Portanto, é definitivamente possível primeiro meditar, e depois, realizar a vacuidade. Esta é a abordagem aqui.

O mahamudra é um método superior, incrível. Essa é a experiência dos lamas de linhagem, de todos os grandes iogues e ioguines. Todos eles realizaram o mahamudra na meditação.

Sua sabedoria explodirá

Quando você escapa da servidão do intelecto e toca a realidade, experimenta uma explosão de conhecimento. Nesse estado, há infinitamente mais espaço em sua mente e é possível aprender muitas coisas sem esforço. Você ficará surpreso. Uau! Eu não sabia que tinha tanto conhecimento! O que aconteceu?

Em geral, somos extremamente presos às nossas superstições. Se essas superstições forem liberadas, você poderá tocar em uma inacreditável dimensão da realidade. Sem esperar, você, de repente, sem esforço, percebe as coisas; você *sabe*. Isso é possível, eu lhe digo; não se trata de uma fantasia religiosa tibetana.

Milarepa é um bom exemplo. Não estudou filosofia, mas, por causa de sua meditação mahamudra, ganhou total compreensão de todas as dimensões da realidade. Os intelectuais, que estudavam por anos e anos, vinham debater com ele, que sempre sabia as respostas. Milarepa explodia a mente deles!

Os intelectuais perguntavam-lhe: "Você conhece o Vinaya?" Este assunto, que envolve todos os votos de monges e monjas, tem muitos detalhes, é sofisticado, complicado, sendo estudado e debatido nos mosteiros por pelo menos quatro anos.

"Não!", disse Milarepa. "Nada sei sobre o Vinaya, não-Vinaya! Se minha mente for subjugada, se eu conquisto o meu ego e toco a realidade universal, esse é o *meu* Vinaya".

A palavra tibetana para Vinaya é *dulwa*, e significa "subjugar a mente". A resposta de Milarepa é perfeita!

Quando eu era garoto, gostava muito de Milarepa. Ler sobre sua vida foi muito útil porque me deu grande inspiração. Leia também a história de vida de Milarepa. Isso lhe dará uma tremenda energia.

Não ver é ter a visão perfeita

Em tibetano, temos este ditado do Buda: "Não ver é ter a visão perfeita". "Que coisa!", você deve estar pensando: "Este mahamudra é estranho!". Para meditadores experientes, essas palavras são profundas. Referem-se à *experiência* do mahamudra; a experiência da realidade universal, a não-dualidade.

Digamos que um monge tibetano chegue ao seu país ocidental. Esse monge abre suas próprias percepções sensoriais para o Ocidente. Quer dizer, você deseja compartilhar com ele as experiências que considera agradáveis e o leva à praia. "Vocês tibetanos viram apenas rochas e montanhas. Veja como o mar é lindo!", você diz. "Na montanha, não é possível ver os peixes; aqui há tantos peixes. E pessoas sem roupas". Bem, ok, talvez o meu exemplo tenha ido longe demais! Acho que me empolguei agora; preciso me controlar!

Para o pobre monge tibetano, então, talvez ver todas essas coisas novas seja demais. Talvez *não* ver seja o melhor. *Não* ver, *não* perceber fenômenos dualísticos, é a visão perfeita, a experiência perfeita.

Agora você entende. Quando o objeto não está lá, o conceito também não pode estar lá. Objeto e sujeito funcionam juntos.

Quando experimentamos o mahamudra, os fenômenos dualísticos não funcionam mais. Quando o objeto se decompõe, o conceito, o sujeito, desaparece. Você não precisa forçar. Os ensinamentos budistas funcionam muito pacificamente. É científico, experimental. Assim, *não* olhar para a situação dualística complexa e, em vez disso, ter a experiência da não-dualidade é a visão perfeita.

Todos os fenômenos convencionais são tão relativos, tão mutáveis, tão artificiais, tão momentâneos! Nossos conceitos são rápidos, as superstições são rápidas, o mundo relativo é tão rápido. Por quê? Porque, de acordo com o budismo, este é um momento em que a superstição está explodindo – e a mente supersticiosa é o recurso da mudança revolucionária da realidade convencional. O problema é o ego, que deseja sustentar todas as mudanças como absolutas. Precisamos cortar o conceito de ego e, com isso, descobrir a não-dualidade. Nós *conseguimos* fazer isso, certo?

A não-visão de enigmas confusos e dualísticos é a visão da perfeição, da unidade, da totalidade. Quanto mais compreendemos isso, mais integrados nos tornamos, e menos nos colocamos em situações desarmônicas. Para isso, precisamos de uma tremenda renúncia. Devemos nos tornar flexíveis; devemos aprender a deixar ir.

Vamos meditar

Então, vamos tentar tornar esses ensinamentos experienciais. Vamos meditar. Na verdade, às vezes meus amigos tibetanos me criticam por ensinar meditação a ocidentais. "Eles deveriam estudar por vinte anos primeiro, assim como você fez", dizem. Mas eu não me importo!

O Panchen Lama, Losang Chokyu Gyaltsen

2. A linhagem do mahamudra

A princípio, o mahamudra foi mantido em segredo

Quando o grande iogue indiano Atisha estava vivo no Tibete, no século XI, e mesmo mais tarde, no início do século XV, enquanto Lama Tsongkhapa vivia, o mahamudra não era ensinado publicamente. Não havia livros sobre mahamudra, que foi mantido em segredo. Mas havia uma tradição oral: as instruções eram transmitidas diretamente pelo lama ao raro aluno que estava pronto.

Mais tarde, no século XVII, foi o Primeiro Panchen Lama, Losang Chokyi Gyaltsen, quem primeiro escreveu as instruções sobre o mahamudra. Ele havia recebido os ensinamentos de seu guru Sangye Yeshe. Nós, Gelugpas, agora usamos essas instruções como nosso texto-raiz e, como mencionei, as estou usando aqui. Quando você ler o texto (na Parte 4), verá o seu valor.

A linhagem do mahamudra

Estes ensinamentos de mahamudra nos foram transmitidos por diversas linhagens. Não temos tempo para analisar tudo detalhadamente. De qualquer forma, prefiro usar nosso tempo para meditar – portanto, falarei brevemente sobre isso.

De alguma forma, os ensinamentos passam de Vajradhara a Vajrapani; depois, para os grandes santos Mahayana indianos, como Nagarjuna, Chandrakirti, e, mais tarde, para Tilopa, Naropa, Marpa do Tibete, Atisha e, finalmente, para Tsongkhapa. Esta é a *longa linhagem*. De acordo com o budismo tibetano, todos esses iogues de linhagem alcançaram a iluminação em suas vidas praticando o mahamudra de acordo com o mais alto ioga-tantra.

Outra forma de fazer a transmissão é o que chamamos de *linhagem próxima*. Buda Shakyamuni passou os ensinamentos para Manjushri, e Lama Tsongkhapa comunicou-se diretamente com Manjushri, recebendo dele as instruções técnicas de meditação. Tsongkhapa transmitiu suas experiências a seu discípulo Togden Jampal Gyatso, que as compartilhou com Baso Chokyi Gyaltsen, que, por sua vez, as entregou ao mahasiddha Chokyi Dorje. O grande iogue Ensapa as recebeu de Chokyi Dorje e as transmitiu ao guru do Panchen Lama, Sangye Yeshe, que passou as instruções a seu discípulo. É possível encontrar suas biografias traduzidas para o inglês.

Desde então, esses ensinamentos foram transmitidos em uma linhagem ininterrupta de seres sagrados até os dias atuais. Creio que eles também alcançaram a iluminação naquela vida praticando o mahamudra.

Você também pode alcançar o mahamudra

Eu recebi os ensinamentos sobre mahamudra pela primeira vez quando tinha vinte e um ou vinte e dois anos de idade, três anos ou mais antes de fugirmos do Tibete para a Índia, em 1959. Lembre-se, foi quando os chineses disseram a nós, os tibetanos: "Vão embora!". Durante aquele mês de ensinamentos, fiquei realmente inspirado ouvindo falar de todos aqueles lamas de linhagem, os grandes iogues, e de como eles experimentaram o mahamudra. Os ensinamentos se tornaram reais para mim. Pensei: "Esses meditadores eram seres humanos comuns que alcançavam as mais altas realizações"; então, decidi que também poderia fazê-lo. Eu me tornei ambicioso. Entende? Senti muita inspiração: "É possível. Pode ser feito".

Olhar para os fatos históricos da vida desses seres iluminados foi muito útil e encorajador. Não devemos ler apenas filosofia. Precisamos olhar para as experiências humanas reais desses grandes seres; essa é uma boa pesquisa. Chegamos a ver que suas realizações não são algo exorbitante, algo impossível de se alcançar. Não.

Trata-se de histórias reais de sucesso. Esses iogues foram espiritualmente bem-sucedidos. E, antes disso, tiveram também sucesso material. Não é como se fossem os *hippies* de antigamente. Não! Se olharmos para a história de Buda Shakyamuni, veremos que primeiramente ele teve um rico samsara. Possuía um reino; a riqueza que lhe pertencia era superior à de uma grande cidade. E então, em certo momento, Buda tirou suas vestes dualistas e desapareceu no nada. O mesmo aconteceu a Milarepa, também a Tilopa, Naropa e Tsongkhapa.

Lama Tsongkhapa tinha milhares de estudantes dedicados aos quais renunciou quando foi para as montanhas. Levou consigo apenas oito de seus alunos, e depois também desapareceu no nada. Ouvi dizer que Jesus fez a mesma coisa; houve um tempo em que permaneceu em solidão.

Para nós, é difícil desistir até do chocolate, mas Shakyamuni desistiu de tudo. E antes de deixar seu reino, distribuiu seus bens. Seus ministros estavam preocupados, pois parecia que o conteúdo do tesouro desaparecia rapidamente! Shakyamuni não se importou. As coisas não tinham mais importância para ele.

É inspirador olhar para as imagens desses seres sagrados e ler sobre suas vidas. Eu realmente gosto da estátua de Buda magro – o Buda em jejum, você já viu? Acho que há uma no Afeganistão. É impressionante. Mostra muito sobre minha própria mente de apego. Veja também a estátua mais comum do Buda, em que ele é representado brilhante, radiante. Significa a claridade da consciência de Buda, sua sabedoria onipresente.

Essas histórias, esses fatos históricos, essas estátuas – nos mostram uma verdadeira experiência humana. Mostram-nos que, o que esses iogues alcançaram, nós também podemos alcançar. É possível!

Muitos tipos de mahamudra

Tanto o Paramitayana quanto o Tantrayana explicam a realidade universal, a vacuidade; é a mesma não-dualidade que está sendo explicada em ambos. No texto, o Panchen Lama diz:

> Há muitas maneiras de explicar o mahamudra, mas essas maneiras se enquadram em duas cate-

gorias: o sutra e o tantra... O sutra mahamudra é o caminho para meditar na vacuidade, ensinada explicitamente nos sutras extensos, intermediários e condensados da Perfeição da Sabedoria.

Nesses sutras, o Panchen Lama dá instruções de acordo com os sutras da Perfeição da Sabedoria e diz que "o supremo arya, Nagarjuna, declarou que não há outro caminho para a libertação além desse".

O mahamudra pode ser descrito de diversas maneiras. Por exemplo, nós Gelugpas, às vezes dizemos Caminho do Meio, e os Nyingmapas falam sobre a Grande Perfeição, ou *Dzogchen*. Mas todos nos referimos à realidade universal. O texto-raiz declara:

> Embora chamado por muitos nomes – união inata, caixa de amuletos, sabor quíntuplo e igual, quatro sílabas, pacificação, isolamento, grande perfeição, conselhos sobre a visão intermediária etc. –, quando um iogue hábil nas escrituras e na lógica do significado definitivo, e que tem experiência, analisa, tudo converge em uma única intenção.

Há diferenças, é claro, filosóficas e técnicas, mas em princípio são as mesmas. Por exemplo, de acordo com alguns pontos de vista, já somos um Buda, mas um Gelugpa pode perguntar: "Como isso é possível? Se isso for verdade, você não precisa meditar, receber ensinamentos, nada disso". Você pode argumentar assim, mas trata-se apenas de palavras. Precisamos provar do bolo, só isso; discutir sobre as diferenças é perda de tempo.

Que todos descubram o mahamudra

O budismo acredita que qualquer ser humano que não tenha descoberto a realidade universal do mahamudra está sempre sofrendo: renascendo de novo e de novo no ciclo da existência. Vamos dedicar toda a nossa energia a todos os seres vivos universais que não realizaram o mahamudra: que esses seres descubram o mahamudra.

3. Práticas preliminares

O caminho gradual para a iluminação

A beleza do Budadharma é a maneira como é apresentado em ordem. Com base em sua própria experiência, o Buda Shakyamuni apresentou seus ensinamentos em termos de estágios. Lama Tsongkhapa pegou tudo isso e apresentou como o caminho gradual para a iluminação – o que, em tibetano, chamamos *lam-rim*, o desenvolvimento progressivo da mente. Pelo entendimento desses estágios, podemos ver como progredir de nossos conceitos limitados, nossa visão limitada, para uma visão universal e ilimitada. Até onde eu sei, essa abordagem é exclusiva do budismo.

A prática budista não é mudar seu nome ou sua cor, ou lhe dar um rótulo artificial. Não. É sobre o seu próprio desenvolvimento interno, sua própria transformação interna. Os estágios do caminho são definidos de maneira clara e transparente: "Essas são as práticas preliminares. Essa é a parte principal. Este é o resultado". É intelectualmente compreensível; você sabe o que fazer. No budismo, eu sinto, nós não perdemos a chave da iluminação. Somos muito afortunados.

Homenagem ao Lama

Tradicionalmente, apresentamos várias práticas preliminares antes de ensinar o mahamudra. Não consigo evitar; preciso explicar a vocês. Logo no início do texto, o Panchen Lama presta homenagem ao Guru:

> *Namo mahamudraya.* Homenagem ao mahamudra, a natureza onipresente de tudo!
>
> Eu me prostro com respeito aos pés do incomparável Guru,
> o senhor dos *siddhas* que ensina o puro e simples estado da realidade,
> a esfera indivisível e inexprimível da mente vajra.

Em seguida, vêm as práticas preliminares:

> Primeiro, busque sinceramente refúgio e gere a bodhicitta. Visto que estes são o portal e o pilar central dos ensinamentos e, em especial, o Mahayana, não deve consistir em meras palavras.

Refúgio: mudando a nossa atitude

A primeira prática é tomar refúgio no Buda, no Dharma e na Sangha. Estou certo de que você já entende isso, mas é importante ouvir novamente o ensinamento. Quando nos refugiamos, mudamos de atitude; vamos além da nossa atitude normal, que é a de nos aferrar a prazeres momentâneos e transitórios. É nisso que geralmente nos refugiamos, não é mesmo? Se nos sentimos abatidos, vamos à praia, pulamos na água e tentamos ser um peixe.

Ou nos voltamos para o chocolate. Mas então ficamos insatisfeitos porque comemos demais – tentávamos obter satisfação, mas, em vez disso, tudo o que conseguimos foi uma barriga gorda! No Oriente, não nos importamos se somos gordos, mas no Ocidente isso é uma grande coisa, não é?

Então, na prática, refugiar-se em Buda, Dharma e Sangha significa mudar de atitude. Vemos os prazeres de curta duração como sem importância; não valem a pena. Eliminamos a força ambiciosa e propulsora da mente do apego. Isso é o que refúgio significa. É vital que entendamos isso.

Bodhicitta: abrindo-se para os outros

Em seguida, podemos falar sobre atualizar a *bodhicitta*, uma palavra sânscrita que pode ser traduzida como "atitude iluminada". Com a bodhicitta, seu objetivo, seu destino, é a iluminação. Com a bodhicitta, você é totalmente aberto a outras pessoas, e não apenas superficialmente. Você vê os outros em absoluto – seu potencial máximo e sua realidade relativa.

Às vezes, vocês ocidentais têm uma ideia muito emocional sobre a bodhicitta. "Ah, bodhicitta, bodhicitta! Todas essas pessoas que sofrem! Devo levar todas as mães seres sencientes à iluminação!". Bom, isto está errado. Com a bodhicitta você fica relaxado, não aborrecido. Às vezes você está excessivamente sério. Sente tanta urgência em ajudar os seres vivos que se torna muito emotivo. A bodhicitta não é assim. Com a bodhicitta você fica descontraído, e há muita sabedoria. O seu coração está aberto para todos os seres vivos e você vive dessa maneira o máximo que pode.

Devemos estabelecer isso como nossa motivação. Como disse Atisha, a porta para a meditação, o ponto de partida, é observar nossa atitude, nossos padrões de pensamento, nossa motivação. Atisha era muito prático.

Você pode dizer que viver com a bodhicitta é como ter uma experiência de iluminação propriamente dita; essa é a conotação. Quando você se abre enormemente para os outros, sua consciência é expandida, se torna universal, quase onipresente. Isso é extremamente importante. É igual a ter uma experiência de não-dualidade. É o sentimento de sabedoria onipresente que abrange toda a realidade universal; não há pensamento da *minha* não-dualidade. Estas experiências são absolutamente não conceituais.

Combinar a visão da realidade universal com o destino da iluminação, a bodhicitta, o torna psicologicamente descontraído, e as pequenas coisas o incomodam. O que quero dizer é que, às vezes, tornamos grandes as pequenas coisas. Quem se importa se alguma árvore grande e velha cair no meio do mato! Se a flor aqui na minha mesa morrer, tudo bem. Ou, falando relativamente, algo "certo" na Austrália pode ser considerado "errado" em Cingapura. Essa visão do certo e do errado tem muito pouco valor. Quando você tem uma visão ampla, essas coisas pequenas não são importantes.

Desse modo, a bodhicitta é muito importante. Não pense nisso como algum tipo de atitude religiosa. Não. É absolutamente científico. A bodhicitta cresce a partir da percepção da realidade, da realidade interior. É inevitável.

Vajrasattva: a destruição da negatividade

A próxima prática preliminar é recitar o mantra de cem sílabas de Vajrasattva. O texto declara:

> Porque ver a realidade da mente depende de acumular mérito e purificar a negatividade, primeiro recite o mantra de cem sílabas...

No budismo tibetano, essa prática é considerada muito importante, tanto que todas as tradições a praticam – Nyingmapas, Kagyupas e Sakyapas, além de nós, Gelugpas. Vajrasattva é uma emanação de Vajradhara, que é Buda Shakyamuni em sua forma tântrica. Vajrasattva é uma manifestação de todos os Budas, mas representa em particular a energia da pureza total. Visualizar-nos como Vajrasattva é uma prática poderosa para destruir a visão dualista, bem como as negatividades que surgem dessa mente dualista. Nós precisamos desse tipo de prática.

Como o oceano de nossa consciência encerra tantos tipos diferentes de negatividade, precisamos de maneiras diversas e sofisticadas para eliminar esses problemas; essa é a função das práticas preliminares. A prática de Vajrasattva é considerada o antídoto mais poderoso de todos – pode até purificar os votos-raízes tântricos quebrados.

Não há negatividade que não possa ser purificada

Nos ensinamentos, às vezes você ouve dizer que existem certos votos que, se quebrados, é isto: não há saída; nenhuma purificação é possível. Obviamente, isso não é verdade: não há negatividade que não possa ser purificada. No entanto, às vezes, é bom para nossa mente ouvir que é assim. O problema é que os ocidentais levam as coisas excessivamente a sério! Vocês não são flexíveis. "Ah, quebrei meus votos! Estou com tanto medo! Não há solução! Terei de ir para o inferno!".

Veja bem, o budismo explica com muita clareza que essa "saída" se refere a situações particulares. Se eu for para o meio do oceano, eu lhes digo, não *haverá* nenhuma saída! Eu afundarei – a menos que vocês venham rapidamente me salvar. É verdade, não sei nadar, mas isso não significa que não tenha potencial para aprender, não é mesmo? Amanhã vocês podem me ensinar a nadar; é uma situação de dependência.

A atitude budista é a de que não importa quantas delusões você tenha, quão confuso você esteja, quanto pecado ou negatividade você criou, é possível, absolutamente possível, erradicar isso tudo.

A negatividade é como uma nuvem. Quando o céu está cheio de nuvens e chove muito, às vezes você acha que aquilo é tudo o que há. Eventualmente, é o mesmo para nós, psicologicamente, não é? Mas quando o sol da manhã brilha, as nuvens podem ter se dispersado ou não. A purificação funciona do mesmo jeito: aplicando-se a energia oposta, a negatividade é eliminada. Você purifica o negativo atualizando o positivo.

A negatividade é um fenômeno relativo; é transitório, impermanente – em outras palavras, a negatividade pode ser removida. É preciso reconhecer isso. Quando você aplica o poder oponente da sabedoria, não há espaço para a negatividade, que se elimina, queima-se. É assim que a purificação funciona.

É de vital importância que você perceba que, por mais pesada que seja a energia negativa criada, ela pode ser eliminada. Se você não vir isso, sua prática de Dharma será frágil. Afinal, a prática do Dharma é a erradicação de toda a sua energia negativa. Esse é o propósito. Precisamos reconhecer isso.

Por exemplo, no mundo ocidental, consideramos Hitler o mais perverso porque matou um número inacreditável de seres humanos. (Falo do senso comum aqui, não estou levantando uma questão política.) No entanto, do ponto de vista budista, Hitler também pode ter-se iluminado. Talvez ele tenha purificado toda aquela negatividade e já esteja iluminado. É possível!

Provavelmente, a maioria de nós aqui não matou seres humanos – podemos ter matado alguns mosquitos, peixes ou outras criaturas. Mas olhe para Milarepa, que usou de magia negra para assassinar pelo menos 35 pessoas, inimigas de sua mãe. Quis mostrar o poder do filho de sua mãe. Mas depois se voltou para o Dharma e alcançou a iluminação naquela mesma duração de vida. Para mim, isso é muito encorajador. Milarepa é o máximo! Teve um imenso samsara e uma imensa liberação.

Os seres humanos são capazes de qualquer coisa. Podemos realizar qualquer coisa. Pelo lado negativo, um ser humano é capaz de destruir todo o sistema solar. E pelo lado positivo, é possível que um ser humano leve todos os seres vivos universais à iluminação. Os seres humanos são mais preciosos do que qualquer coisa material.

Guru ioga: a identificação com o Iluminado

A quarta prática preliminar é chamada *guru ioga*. Consideramos essa prática como especialmente importante. No momento, somos incapazes de lidar com o nosso ego, então Buda Shakyamuni nos mostra como lidar com isso, como eliminar a mente egoísta por meio da identificação com o ser iluminado.

No budismo Mahayana, acreditamos que todos os seres vivos podem alcançar a realização da iluminação completa, perfeita: o estado búdico. Quando alcançamos essa realidade, não há natureza contraditória, não há dualidade. Há apenas a unidade: o entendimento universal.

No guru ioga, praticamos esse entendimento universal unificando nossa própria consciência com a de Guru Shakyamuni: a consciência do nosso guru e a consciência do Buda como uma única consciência. O termo tibetano para ioga é *naljor*, e *jor* significa "aproximar-se". Em outras palavras, o guru ioga aproxima-se de seu guru na forma de um Buda; nós e o guru Buda tornamo-nos um. Não devemos pensar: "Meu guru é superior, Shakyamuni é superior e eu sou aquele que tem autocomiseração. Eu não tenho jeito, sou irrecuperável". Não devemos pensar dessa forma.

No contexto tibetano, guru tem dois significados. Existe o guru relativo, aquele que se comunica conosco no mundo, que nos mostra como agir e como encontrar nossa própria totalidade. E há o guru interno, o verdadeiro significado de guru: nossa própria sabedoria, nossa própria claridade.

O guru relativo, na prática, pode fazer muito pouco pelo aluno. Vemos, por exemplo, que em um grupo de estudantes todos recebem o mesmo ensinamento, a mesma instrução, e, mesmo assim, os indivíduos podem chegar a entendimentos completamente diversos. Alguns atingem o percentual mínimo do ensinamento, alguns chegam ao meio, outros vão ainda mais longe.

Mas nosso guru interior, nossa sabedoria, pode fazer as coisas mais poderosas. Se praticamos o guru ioga, aprendemos a ouvir nosso guru interno. Normalmente, ouvimos apenas nossa conversa desprezível; não ouvimos a nossa sabedoria. Mesmo quando a sabedoria surge em nossa mente, nós a rejeitamos.

Refúgio, bodhicitta, a prática de purificação de Vajrasattva e guru ioga são os ensinamentos preliminares do mahamudra. Os alunos mais velhos já receberam esse tipo de ensinamento, então não vou me alongar muito sobre isso aqui. Mas eu queria passar a vocês o modo como funciona a tradição tibetana. Para saber mais, se você tiver tempo e espaço, faça uma pesquisa. No mundo de hoje, temos de percorrer rapidamente o caminho da iluminação!

Você é a causa de sua iluminação

Durante este curso de meditação, não quero que você pense: “Lama Thubten Yeshe vai me iluminar”. Eu não quero que você tenha essa atitude. Não, é *você* que se torna um Buda, está bem?

Temos a sorte de estar aqui, de partilhar dos ensinamentos e de usar do nosso próprio entendimento.

Aqui, nessa atmosfera, assuma esta forte determinação: "Desejo me iluminar. Eu quero descobrir o mahamudra". Essa atitude torna qualquer lugar em que você esteja propício para a meditação.

Energizem-se mutuamente o máximo possível para alcançar a realização da realidade universal da não-dualidade. Lembrem-se, essa é a abordagem do retiro, não um exercício intelectual. Em seguida, sua meditação se tornará frutífera.

Novamente, resultados frutíferos não vêm de mim, mas de vocês. Eu reverencio as *suas* qualidades búdicas.

PARTE 2
A PRÁTICA DO MAHAMUDRA

4. Primeiro, leve sua mente a um estado neutro

A posição do corpo na meditação

Para alcançar a realização do mahamudra, precisamos primeiro desenvolver o estado sutil de concentração unidirecional conhecido como quietude mental – *shamata,* em sânscrito. Mas antes de começarmos a praticar essa técnica, neutralizemos nossa mente fazendo a meditação respiratória de nove ciclos. O Panchen Lama disse:

> Em um assento adequado para a absorção, adotando os sete pontos cruciais da postura física, limpe os canais com a respiração de nove ciclos.

Lama Tsongkhapa recomenda que você se sente em um assento confortável, com o corpo levemente erguido nas costas. Cruze as pernas na posição de lótus completa, com o pé direito na coxa esquerda e o pé esquerdo na coxa direita. Essa postura pode ser difícil para os iniciantes, então, faça o melhor que puder.

Na verdade, se você não conseguir se sentar de pernas cruzadas, tudo bem. O mais importante é que o seu corpo esteja na posição ereta. Sua cabeça deve estar ligeiramente inclinada para a frente. Seus olhos devem estar semicerrados, sem focar em nada e mirando a ponta do nariz. No entanto, se sua mente estiver muito distraída e você não conseguir acalmá-la, pode ser útil fechar os olhos.

Coloque a ponta da língua contra o palato logo atrás dos dentes da frente, com a mandíbula relaxada. Seus ombros devem ser mantidos em linha reta e não voltados para a frente. Suas mãos devem ser postas abaixo do umbigo, descansando no colo, no *mudra* de concentração, com a mão direita em cima da mão esquerda, com os polegares se tocando para formar um triângulo.

É especialmente importante manter a mente e o corpo um pouco tensos em vez de soltos. Julgue por sua própria experiência. Isso demanda treinamento. Seu corpo deve estar na posição ereta e levemente esticado dos quadris ao peito. Muitos de nós caímos, e uma postura caída pode produzir torpor. Você pode reconhecer iogues e ioguines pela maneira como mantêm seus corpos.

Percebo que quando algumas pessoas meditam, seu corpo parece tenso; seguram tudo com excesso de força. Isso não é bom, porque as energias sutis do vento em nosso corpo não podem fluir adequadamente. Ao se sentar, tente ser natural, relaxado, não tenso.

Meditação da respiração em nove ciclos

A respiração de nove ciclos é parte essencial da prática da meditação. Para compreender a realidade universal, a mente precisa estar em um estado neutro. Como dizemos no Tibete, um pedaço de pano branco pode ser pintado de qualquer cor. É semelhante aqui: para transformar sua mente, você precisa primeiro neutralizá-la.

Isso não é meramente uma visualização. Assim que você começar a praticar, sentirá alguma mudança. Eu sempre recomendo essa meditação antes de outras meditações, inclusive para o mahamudra. Acalmar-se é o primeiro passo, e essa técnica de respiração de nove ciclos é uma maneira simples de fazer isso. Você observa o movimento da respiração e, gradualmente, se torna consciente de seus conceitos.

Expire a energia do desejo. Deixando a narina esquerda fechada com o dedo indicador direito, inspire lentamente pela narina direita. Em seguida, bloqueie a narina direita com a frente do mesmo dedo e expire pela narina esquerda. Imagine que você expira toda a sua energia impura do desejo. Faça isso por três vezes. De fato, você não precisa manter a narina fechada; basta visualizar o ar saindo pela outra narina.

Expire a energia da raiva. Agora, faça o inverso, usando o dedo indicador esquerdo: respire três vezes pela narina esquerda e, ao expirar pela narina direita, pense que você está expirando toda a sua energia impura da raiva.

Expire a energia da ignorância. Por fim, inspire e expire três vezes pelas duas narinas para tornar todas as energias claras, transparentes e equiparadas. Ao expirar, pense que você está expirando toda a energia impura da ignorância. No total, isso compreende nove rodadas.

Inspire a energia pura. Sempre que você inspira, pode pensar que está inalando energia pura e feliz de todos os lamas da linhagem, de todos os Budas e bodhisattvas das dez direções. Ao expirar, pense que todas as suas dificuldades físicas e mentais, os sintomas de sua energia bloqueada, desaparecem.

Lama Tsongkhapa enfatiza que você deve inspirar e expirar apenas pelas narinas, não pela boca. Inspire devagar e com cuidado. Ao expelir o ar, expire primeiro suavemente, depois fortemente e depois suavemente outra vez.

Medite no Guru Buda Shakyamuni

Em seguida, o Panchen Lama diz: "Meditar no caminho profundo do guru ioga". Você deve visualizar Buda Shakyamuni como uno com o seu guru, lembre-se, e recite o mantra de Shakyamuni algumas vezes: *Tadyatha om muni muni mahamuniye svaha.*

Com frequência, você pensa que não consegue visualizar. É verdade, visualizar o Buda não é um hábito para você. Mas *você* visualiza normalmente, por todo o tempo, o seu namorado ou namorada! As delusões criam repetidamente imagens, como fotos na mente.

Visualize o Guru Buda Shakyamuni no espaço à sua frente. Guru Buda Shakyamuni pode ser grande ou pequeno em sua visualização, o que for confortável. Não pense em Buda como um ser físico; sua onipresente sabedoria se manifesta como um radiante corpo de luz dourada.

Em seguida, visualize no centro do seu peito, onde fica o chacra do coração, uma chama amarela cercada pelas letras do mantra, que vibra com uma energia elétrica amarelo-avermelhada. A luz se irradia das letras, purificando automaticamente todos os seus conceitos impuros, enquanto você recita o mantra algumas vezes.

A propósito, não pense que essa prática seja algum tipo de ritual tibetano; é algo muito simples. Quando você diz; *muni muni mahamuniye*, ou seja, "Conquistador, Conquistador, Grande Conquistador", pense que está subjugando sua mente egotista. Dizer *svaha* coloca a realização disso em seu coração.

Tadyatha om muni muni mahamuniye svaha,
Tadyatha om muni muni mahamuniye svaha,
Tadyatha om muni muni mahamuniye svaha.

Purifique o corpo. Em seguida, imagine raios brancos como laser, brilhantes, saindo do chacra da sobrancelha de Guru Shakyamuni e entrando no chacra de sua sobrancelha, enchendo seu cérebro e todo o seu corpo, queimando todo o peso do seu corpo, transformando-o em um corpo de luz radiante.

De novo, recite algumas vezes enquanto visualiza.

Tadyatha om muni muni mahamuniye svaha,
Tadyatha om muni muni mahamuniye svaha,
Tadyatha om muni muni mahamuniye svaha.

Purifique a palavra. Em seguida, o Guru Buda Shakyamuni envia do chacra de sua garganta raios laser vermelhos radiantes que disparam, visando o chacra de sua garganta, queimando toda a sua fala impura: as mentiras que você emite, as palavras duras e todas as tolices, toda a fala irresponsável de toda a vida, pois a fala é quase sempre um absurdo sem fim. Tudo isso é queimado, e o seu chacra da garganta se enche com a energia radiante da luz vermelha.

Tadyatha om muni muni mahamuniye svaha,
Tadyatha om muni muni mahamuniye svaha,
Tadyatha om muni muni mahamuniye svaha.

Purifique a mente. Agora, o Guru Buda Shakyamuni envia do chacra de seu coração uma luz azul alegre e radiante que desce sobre o seu coração, destruindo todo o pensamento dualista e fanático, toda a energia mental negativa. O chacra do seu coração está cheio de energia de luz azul radiante e feliz.

Tadyatha om muni muni mahamuniye svaha,
Tadyatha om muni muni mahamuniye svaha,
Tadyatha om muni muni mahamuniye svaha.

Dissolva o guru em você mesmo. Por fim, imagine que o Buda Guru Shakyamuni se torna pequeno, vem até a coroa de sua cabeça, voltado para a mesma direção que você, e depois desce pelo seu canal central até o chacra do seu coração. Conforme disse o Panchen Lama:

> Após fazer centenas de pedidos fervorosos e assim por diante, dissolva o guru em si mesmo.

Imagine que a consciência de Guru Buda e sua consciência se unificam e se tornam uma única consciência. Contemple essa experiência. Solte-se, deixe ir...

Se conceitos dualísticos surgirem, repita a experiência. Deixe que o Buda desça novamente até o seu coração e observe sua mente, a mente do guru e a mente de Buda tornando-se uma única mente.

Precisamos praticar

Agora que você já experimentou a meditação, precisa praticar. Esta vida que temos a sorte de ter é muito curta; portanto, determine que você fará o possível para descobrir a realidade, tocar a realidade.

Você deve participar com os outros e tentar dar um bom exemplo. A participação é como a compaixão. Mesmo se você for iluminado, interaja simplesmente com os seres-mães sencientes. O Buda Shakyamuni veio a esta terra como um homem comum; de sua compaixão universal, sua grande compaixão, ele veio e viveu. Isso é compaixão do jeito de Buda. Ele já havia superado totalmente o ego, além do apego à gravitação sensorial, de modo que não precisava se envolver com os outros para seu próprio benefício. A participação de Buda nesta terra foi apenas por causa de sua grande compaixão para ajudar os outros.

O pensamento de autoestima egoísta é: "*Eu* estou sofrendo. *Eu sinto* falta de meu namorado. *Eu sinto* falta de minha namorada. *Eu sinto* falta de chocolate". Observar simplesmente como você se comporta com os outros é compaixão.

5. Os benefícios do samadhi são incalculáveis

Sem a quietude mental, não podemos realizar o mahamudra

Como mencionei, para alcançar a realização do mahamudra, a realidade da não-dualidade, precisamos primeiro desenvolver a quietude mental. De fato, não é possível sem isso. Devemos alcançar os níveis mais sutis de consciência da concentração unifocada indestrutível, o que em sânscrito chamamos de *samadhi*.

É difícil perceber a não-dualidade, não porque a não-dualidade se esconde de nós, mas porque nossos conceitos são muito espessos. Portanto, devemos refinar, *refinar* nossos conceitos; devemos alcançar a atenção consciente, a plena atenção sutil e a claridade interior sutil. Por outro lado, não há um modo de vermos os níveis inconscientes do ego aferrados a um self independente. Não é possível!

O shamadhi é a fonte da liberação. Sem o perfeito samadhi, não há *como* se libertar do samsara e nem *como* alcançar a iluminação. Não há exceção: se formos cristãos, muçulmanos, hindus ou budistas, precisamos da quietude mental para cortar a visão dualista.

Mas não basta obter a quietude mental

Por outro lado, algumas pessoas realmente pensam que esse estado de samadhi, essa concentração unidirecional, é tudo o que precisamos para cortar o ego. Mas isso está errado. Lama Tsongkhapa nos lembra que a quietude mental por si só não é o bastante para eliminar a visão dualista. Nós precisamos também desenvolver uma visão especial, ou *vipashyana,* em sânscrito. Em tibetano, chamamos isso de *lhagtong*: *lhag* significa "extraordinário" e *tong* significa "ver". Podemos interpretar isso como significando que vamos além da realidade convencional e alcançamos a "visão extraordinária" da realidade universal do mahamudra.

Em outras palavras, necessitamos dos dois tipos de meditação juntos: a quietude mental e a visão extraordinária.

Os benefícios do samadhi são incalculáveis

Contudo, mesmo sem uma percepção especial, os resultados do samadhi são inacreditáveis, quase inimagináveis. Quando entendemos isso, quando percebemos como os resultados são surpreendentes, não podemos deixar de tentar desenvolvê-los. Não há nenhuma maneira de nos tornarmos preguiçosos; teremos muita energia e realizaremos grandes esforços. Nem nos preocuparemos em comer.

Explico a seguir alguns benefícios.

Você vai além da consciência sensorial e conceitual

À medida que sua concentração se desenvolve, você irá também além do seu corpo. Sua mente será não conceitual, por isso se torna *fácil* cortar o complexo mundo dos cinco objetos dos sentidos para eliminar as superstições. Nesse estado de unificação, sua mente se torna tão sutil, tão aguda, que você pode erradicar com facilidade os complexos pensamentos dualísticos. Você pode tocar a realidade. Este é o *atributo* do samadhi.

Com a prática da meditação, é possível lidar com facilidade com as delusões, de modo que estas se tornem tão leves que passa a ser possível interrompê-las de imediato.

Você experimenta o êxtase

No estado sutil de concentração, você experimenta o arrebatamento, ou o êxtase, naturalmente. Quanto mais concentração você tiver, mais integrado você se torna e, portanto, quanto mais êxtase, mais felicidade você experimenta.

No começo, a felicidade que você experimenta é física, que é o nível mais grosseiro. Mas à medida que sua concentração se aprofunda, ao se livrar das camadas de cobertores da consciência mais grosseira, você experimenta o júbilo exclusivamente no nível mental. Isso ocorre porque você parou de perceber os objetos dos cinco sentidos, fechou a porta para a superstição. Todos os conceitos contraditórios desapareceram. Sua mente agora está cristalina.

É como se você pudesse contar todos os átomos

À medida que sua concentração se fortalece e que você alcança níveis cada vez mais sutis, sua mente se torna extremamente poderosa. Por experiência própria, Lama Je Tsongkhapa diz que é possível alcançar um ponto de tamanha clareza que a meditação parece quase infinita na mente.

Sua mente fica tão clara, tão aguda, que é como se você pudesse perceber todas as energias físicas sutis. Você terá o bravo pensamento: "Posso contar *todos* os átomos do universo!". Esse nível de mente é mais poderoso que o dos instrumentos científicos. Penso que, nesse momento, estou demonstrando orgulho pelo budismo!

Você terá uma experiência de espaço

Ao desenvolver sua concentração na claridade de sua consciência, você atingirá um ponto em que estará apenas no nível consciente, como discutimos. Você foi além do físico, além do mundo dos cinco sentidos. Por ter removido os cobertores das superstições, das pesadas concepções errôneas, você se sentirá unificado e terá uma experiência de espaço, espaço universal.

Você permanece sempre alegre

Quando você se levanta da meditação, sente-se liberado em vez de incerto e cheio de dúvidas e conflitos. Experimenta paz interior; tem sempre uma vibração alegre e feliz. De fato, você experimenta continuamente um prazer enorme. Nesse ponto, o prazer do chocolate não é nada para você!

O que você pode experimentar agora com sua mente é superpoderoso. É como estar em outro reino, em outra dimensão. E quando seus sentidos entram em contato com os objetos, é claro, você também experimenta felicidade.

E quase não percebe se é noite ou dia. Na verdade, até mesmo agora, quando vivencia a felicidade samsárica, você tem um tipo de experiência semelhante. Você dança e bebe a noite toda, embriagado pelo prazer: o tempo simplesmente voa. "Ah, mas já amanheceu?" Bem, é isso o que acontece quando você está intoxicado com a experiência feliz do samadhi. E, é claro, isso mostra que o tempo não é determinado do lado de fora; é composto pela mente.

Seu corpo parece leve

Quando você está fora da meditação, a energia pesada do corpo desaparece. O corpo parece totalmente novo. Você se sente leve, quase como se pudesse voar, quase como se não tivesse corpo. Até certo ponto, você pode perceber isso em sua vida diária. Quando sua mente está satisfeita, seu corpo se sente leve, não é?

Seu sono é como meditação

Lama Tsongkhapa diz que, como se desenvolve tanta claridade na meditação de concentração, até mesmo nos seus sonhos a experiência com as superstições e com as concepções sobre os cinco objetos dos sentidos serão muito mais leves. Seu sono será como uma meditação. Em geral, experimentamos projeções pesadas e impuras nos sonhos, mas quando temos uma concentração desenvolvida, podemos experimentar visões puras.

Você desenvolve a clarividência

Lama Tsongkhapa diz que você desenvolverá a clarividência. De acordo com os ensinamentos do Abhidharma, há dois tipos de clarividência. Um é aquilo que entendemos como "intuição", um senso não treinado que todos temos até certo ponto. Por exemplo, você pode perceber claramente, sem nenhuma prova lógica, que algo aconteceu com seu querido amigo em casa.

O outro tipo pode ser obtido por meio do treinamento da mente em meditação, como estamos discutindo aqui. Você é capaz de ver a longas distâncias, assim como outras pessoas, inclusive suas mentes. A princípio, suas experiências parecem um sonho, mas quanto mais a concentração se desenvolve, mais clara é a sua visão. Você vê como se estivesse lá pessoalmente. Talvez possa até tocar em formas distantes no espaço.

Esse tipo de clarividência não está imaginando algo. É real, no presente; não uma fantasia. Em geral, com seus pensamentos deludidos, você cria imagens de seu namorado quando ele não está presente, digamos, e é quase como se fosse real. Mas quando é clarividência, você literalmente vê o seu namorado.

Você pode obter um saber de não-dualidade

No nível mais sutil de consciência alcançado na meditação do samadhi, sua sabedoria será naturalmente muito poderosa, muito aguda. De maneira automática, você terá alguma experiência de não-dualidade, do mahamudra, de nenhum sujeito e objeto, porque neste estado unificado do samadhi os complexos pensamentos dualistas cessam por um breve espaço de tempo.

Poderíamos debater isso intelectualmente. "Como é possível eliminar as superstições? Não é possível até que se alcance o décimo nível dos estágios do bodhisattva. Porém, você aqui está dizendo que, quando se atingem certos níveis de concentração, é possível obter a experiência da não-dualidade, da não-superstição".

Sim, você pode debater desse modo. Mas quando entender esses níveis mais sutis de consciência, verá a lógica dessa afirmação. Aqui estamos falando de experiência. A certa altura, você deve abandonar os argumentos filosóficos. Quando recebi os ensinamentos do mahamudra, meu guru disse exatamente isso. Eu lembro! A princípio não entendi; meus equívocos eram fortíssimos na ocasião.

Você pode experimentar as dissoluções

Como resultado de uma profunda concentração, é possível levar as energias ilusórias – os ventos e as próprias delusões – para o canal central. Isso é semelhante ao que ocorre no momento da morte. Você sente como se estivesse desaparecendo; até a respiração cessa. Experimentar as várias visões associadas à dissolução das energias mais sutis é um sinal de boa concentração (como veremos no Capítulo 11).

Se isso ocorrer, em vez de ter medo, apenas deixe ir; mantenha sua consciência, sua memória ou atenção plena. Em cada estágio deste processo de dissolução, a mente fica mais transparente e sutil.

Mas, se você se tornar inconsciente, não está correto.

Você pode obter essas realizações

Saiba que se você se esforçar para cultivar o samadhi, poderá obter essas realizações. É possível por causa do simples poder do hábito. Do ponto de vista budista, todo ser humano tem o potencial de claridade, de êxtase, o que, ao fim, pode levar à experiência da realidade universal.

E, é claro, quanto mais você experimenta seu próprio potencial de claridade e felicidade, mais profunda sua concentração se torna e mais feliz você fica ao meditar. Então, tente aprender a ligar o interruptor de sua própria energia de êxtase.

6. Antes de meditar em sua mente, defina o que é a mente

A natureza convencional de nossa mente

Em geral, meditamos na imagem de Buda, na respiração ou em outras coisas, mas na meditação mahamudra contemplamos nossa própria mente, nossa consciência. Então, o que é a mente? Quais são suas características?

Do ponto de vista budista, a consciência não tem características substanciais ou físicas. Não tem cor nem forma. Você poderia dizer que a mente é como o espaço. Tem uma natureza límpida e clara, uma natureza clara e leve. Em tibetano, chamamos isso de *sel-shing rigpa. Sel* significa "claro", *rigpa* significa "ver", "saber". Exatamente como disse o Panchen Lama, que a consciência é "aquilo que é claro e sabedor". Essa claridade é sua natureza relativa e convencional.

A consciência percebe a realidade como um espelho: por reflexão. Mas se o espelho não está limpo, se estiver empoeirado, digamos, não poderá refletir com precisão, certo? Uma mente embaçada também não pode refletir a realidade com precisão.

Todavia, até mesmo os nossos conceitos dualistas, nossos pensamentos deludidos, como o desejo e o ódio, têm essa claridade. É por isso que podem, até certo ponto, perceber suas projeções; porque têm a capacidade de refletir seu próprio objeto: o objeto de desejo, o objeto de ódio. Um bom exemplo é a água em ebulição: é turbulenta, mas mantém ainda a natureza clara da água enquanto parada. Dá-se o mesmo no caso de nossos conceitos dualistas: são também essencialmente claros por natureza.

A natureza suprema de nossa mente

Como discutimos antes, as delusões podem ser totalmente erradicadas. Maitreya usa o exemplo do ouro manchado. A mancha não está no caráter do ouro, está? Então pode ser removida. Dá-se o mesmo com a mente: as negatividades existem, mas, como não pertencem à natureza da mente, podem ser removidas.

Falo aqui de modo relativo. Em última análise, não existe a discussão sobre se a mente é pura ou não: a mente é absolutamente pura. A mente não tem nenhum traço da natureza do ego. Sua natureza é clara luz, não-dualidade, não-existência, sem existência inerente. Em outras palavras, a natureza essencial de nossa mente, do pensamento, da consciência, é pureza.

Não estou dizendo que você já está iluminado; não estou dizendo isso. Essa pureza é o nosso potencial búdico. Essa natureza fundamental e clara da mente existe sempre dentro de nós. A questão é reconhecer isso.

A mente e seus objetos

Fundamentalmente, há duas coisas: nossa consciência, que é o sujeito; e o mundo dos objetos dos sentidos: as coisas, as pessoas, os sons, os cheiros e assim por diante. Em geral, somos distraídos pelos objetos dos nossos sentidos, não somos? Na maioria das vezes, o surgimento de nossas superstições, nossas concepções dualistas, está ligado aos objetos sensoriais, inclusive os seres sencientes. Segundo o budismo, nossos cinco sentidos têm uma má reputação, pois são a porta de entrada para as superstições, o ego, e são configurados para ativar delusões. No momento em que abrimos nossas percepções sensoriais para o mundo, surgem as reflexões e em seguida conceituamos, categorizamos: isto, aquilo, este, aquele. Aí está o problema.

Digamos que estejamos observando uma pessoa. Usualmente, nós nos ocupamos em colocar nossas projeções sobre as pessoas. Jamais observamos a *visão* de nossa mente sobre a pessoa, nossos pensamentos sobre a pessoa. Tão logo o seu reflexo vem à minha mente e eu passo a pensar que você é isso e aquilo, minha mente fica perturbada como em um tufão. O seu reflexo, sua aparência, entrando em minha mente não é o problema. O problema são todos os meus julgamentos sobre você. Precisamos descartar esse hábito!

A felicidade e o sofrimento vêm de nossa mente

Do ponto de vista budista, todas as circunstâncias do samsara e do nirvana são manifestações de nossa mente. Esse é o entendimento central. Todo o sofrimento, a felicidade, a liberação, as mais altas realizações – tudo se manifesta em nossa consciência.

Nossa vida cotidiana é controlada pela mente. É possível que vejamos isso. Quando surge o desejo de ir à praia, o pensamento do desejo nos leva à praia. Talvez estejamos cansados da sociedade ocidental e queiramos uma vida fácil, sem responsabilidades, então pensamos: "Talvez eu vá para a Índia". Esse pensamento nos leva à Índia. Nossa mente da cobiça nos leva onde quer que queiramos ir.

Ou mudamos de opinião sobre as coisas todo o tempo. Digamos que você seja jovem, que esteja cheio de fastio de casa e deixe o seu país. Você odeia sua casa! Mas ao retornar, anos depois, quando sua mente está mais saudável, agora o seu lugar é lindo. Essas experiências contraditórias vêm de nossa mente, não do objeto em si – sabemos disso. E essa é a evidência de ausência de identidade pessoal, não é?

O mundo moderno é complicado. Nossa vida cotidiana envolve muita intelectualização. Criamos todos os pensamentos de bom, mau, preto, branco, superstições, todos os tipos de conceitos artificiais. Construímos todos esses tijolos dualísticos de concreto. Superestimamos tudo, ou subestimamos; nós somos extremados, muito desequilibrados. O grande iogue Shantideva disse que nossa mente deludida é como um elefante louco, completamente fora de controle. Precisamos controlar a mente e não deixar que as delusões nos controlem.

Enquanto crianças, nossas mentes eram mais simples, mais naturais e, à medida que envelhecemos, adquirimos mais e mais conceitos, projeções mais alucinadas, mais fantasias; repetimos e repetimos o mantra bom, ruim, bom, ruim. Esses são os obstáculos que nos impedem de tocar nossa natureza humana mais profunda, de tocar a realidade, nosso potencial de eterna paz.

Com a meditação mahamudra, podemos derrubar esses tijolos dualísticos e nos tornar mais naturais, mais simples, mais de volta à realidade.

Meditar na mente não é mahamudra, mas leva ao mahamudra

Usar nossa própria mente como objeto de concentração é a característica única da meditação mahamudra que a transforma em um método poderoso para a eliminação de nosso pensamento dualista. Contudo, contemplar nossa própria consciência não traz a realização real do mahamudra – a realidade suprema – porque a mente ainda é realidade relativa. Mas leva a isso.

Usar nossa própria consciência como objeto de meditação leva à experiência de mahamudra, porque traz uma experiência *similar* ao mahamudra. Por que a mente é clara e transparente por natureza, podemos cortar caminho pela operacionalização da conceituação, reduzir os pensamentos dualistas grosseiros e começar a experimentar a claridade de nossa consciência, sua natureza relativa.

Mais à frente, unificamos a concentração indestrutível obtida na meditação de quietude mental sobre essa claridade com a sabedoria sutil que analisa a visão dualista, que leva a uma percepção especial, à realização da realidade última. Este é o núcleo do método do grande iogue Lama Tsongkhapa para o desenvolvimento do mahamudra.

Em resumo, começamos pela concentração em nossa própria consciência e depois meditamos na vacuidade.

7. Neste ponto, medite em sua mente

Talvez você não tenha certeza do que significa "meditar em sua mente". Na verdade, é simples. O caminho mahamudra é começar pela contemplação de seus conceitos, pela visão de seus próprios pensamentos. Com o tempo, isso nos leva a experimentar a claridade da consciência, sua natureza convencional.

Nós observamos os pensamentos e os deixamos ir. Sem intelecto – não se trata de analisar os pensamentos. Deixar a mente assim como é, é a ênfase especial desta meditação. Em nossas meditações do caminho gradual, analisamos. Mas a meditação mahamudra enfatiza a não-análise. Porque quando a mente está analisando, está tremendo, estremecendo. É como um avião: quando muda de direção, treme, não é?

Lama Tsongkhapa diz que, quando contemplamos a consciência, não devemos seguir nenhum objeto, como forma, cor ou som, ou mesmo a imagem de um Buda, um mantra ou uma sílaba. Estes, devemos abandonar.

Nós nos referimos a essa abordagem como "não conceitual", "não supersticiosa". Em tibetano, dizemos *mitogpa kyongwa*: "Manter um estado não conceitual de mente". Creio que isso seja muito sensato, muito lógico. Obviamente, nosso hábito de seguir os cinco objetos dos sentidos é forte, por isso precisamos aprender a desenvolver a habilidade da meditação para permanecer na própria consciência.

Como mencionei, para Lama Tsongkhapa, usar nossa mente como objeto de concentração na meditação mahamudra é um método direto muito sensível. Este método elimina *facilmente* as superstições e a confusão – esse é o *ponto* – e, portanto, conduz *com facilidade* à realização da realidade universal da não-dualidade, da vacuidade.

Os dois principais obstáculos na meditação

Inúmeros obstáculos nos impedem de obter uma concentração perfeita, embora possam ser incluídos em apenas duas categorias: uma é a distração e a outra é o torpor.

Distração. Nossa mente se distrai, ou vagueia, porque estamos sobrecarregados pelas delusões habituais: desejo, raiva e todo o resto. E, é claro, também vagueia por causa da preguiça. Não fazemos esforços suficientes para nos concentrar, uma vez que ainda não temos compreensão suficiente dos incríveis benefícios da concentração, como os discutidos acima. Entendemos muito bem os benefícios de ir ao supermercado – toda essa grande qualidade do supermercado! Compreendemos os resultados de nossas atividades samsáricas, mas elas não são nada se comparadas a experimentar nossa própria claridade.

O torpor grosseiro. O torpor tem níveis grosseiros e sutis. O torpor grosseiro, quando a mente está nublada ou sonolenta, é mais facilmente reconhecível. Há uma maneira hábil de eliminá-lo. Ao contemplarmos a claridade de nossos pensamentos, podemos ter uma leve impressão de escuridão: este é um sinal de torpor. É como estarmos sentados do lado de fora em um dia ensolarado enquanto uma nuvem leve passa pelo sol. Desse modo, em nossa meditação, quando temos uma impressão de escuridão, devemos ajustar o nosso objeto de meditação, tornando-o um pouco mais claro, um pouco mais forte. Aprendemos a desenvolver a habilidade de saber como fazer isso.

No seu esforço para tornar o objeto claro, no entanto, você corre o risco de aplicar tanto vigor que se torna completamente distraído. É possível ir longe demais. Então, tenha cuidado.

O torpor sutil. Quando chegamos a um estágio de concentração muito profunda, o maior obstáculo é o torpor sutil, que é difícil de reconhecer. Podemos facilmente confundir o torpor sutil com a concentração correta. Podemos permanecer ali, sem esforço, para sempre. Isso é perigoso. Alguns meditadores creem que têm uma concentração perfeita; que não há divagações, superstições, sensações sensoriais, apenas uma experiência muito feliz. Eles sentem: "Isso é fantástico! Alguém poderia me cortar com uma faca e eu não sentiria dor. Neste momento, não tenho mais nenhum apego sensorial".

Sim, de fato, a mente se tornou mais sutil, mas essa experiência não é absolutamente consciente; não há a profunda sabedoria. É como dormir. A isso se dá o nome de torpor sutil. Mas, talvez, para a maioria de nós, muito tempo vai decorrer até que precisemos nos preocupar com esse perigo!

Não há necessidade de limpar a mente

Agora, vamos praticar. Apenas observe os seus pensamentos. Talvez não seja o caso de observar literalmente – a linguagem é sempre um problema. Seja como a luz do sol, que apenas brilha.

É comum pensarmos que nossa mente é ruim, deludida, e que precisamos torná-la limpa. Mas a natureza da mente é clara: a claridade é uma característica fundamental da mente. No budismo, isso se aplica tanto à filosofia quanto à meditação. Não é preciso fazer um esforço para tornar sua mente deste ou daquele jeito: você só precisa deixá-la tranquila. Sua natureza de clara luz é pura desde o início, e essa natureza existe para sempre.

Se você conseguir encontrar o objeto até certo ponto, então relaxe, deixe ir. Se se esforçar demais para torná-lo brilhante, irá perdê-lo e a distração sobrevirá.

Sem expectativas

Abandone as expectativas, qualquer esperança, digamos, de uma alta realização. Abandone de verdade as expectativas de qualquer espécie. Apenas relaxe. Mantenha a concentração forte e esteja satisfeito com isso.

Segundo Losang Chokyi Gyaltsen, não se deve "permitir que a mente conceitual se ocupe com medos ou expectativas para que possa entrar em equilíbrio sem a menor distração".

Em outras palavras, quando você alcançar um ponto razoavelmente limpo, sem perturbações emocionais, não comece a se preocupar ou a ficar muito animado. Não! Apenas deixe a mente ali.

Evite até mesmo os conceitos positivos

Evite todos os conceitos, mesmo os positivos, como: "Que maravilhoso se todos os seres sencientes puderem alcançar a budeidade!". Isso não é válido aqui. Mesmo que você tenha uma lembrança de sua vida passada como um iogue do Himalaia ou tenha uma visão fantástica – mesmo que o Buda apareça! – não a siga. Deixe a visão de lado imediatamente.

Não vá pensar que estou tentando fazer você esquecer tudo, sua vida normal. "Talvez eu deva apenas ir dormir e esquecer todo o resto." Não! O Panchen Lama menciona isso: "Não se trata da cessação da atividade mental como quando alguém desmaia ou adormece". No desenvolvimento da concentração, todos esses pensamentos são interferências. É por isso que é necessário deixar de segui-los.

É muito profundo o hábito de se deixar atrair pela forma, pelo som, pela cor, pelo cheiro. Precisamos desenvolver a habilidade de manter a atenção plena fortemente presente na consciência; manter continuamente a atenção plena ou a memória. O Panchen Lama diz:

> Comece a vigiar sem distração, e, com atenção, mantenha sua mente alerta a todo e qualquer movimento.

Também temos o hábito de ir ao passado e ao futuro, e assim nos distraímos. Devemos quebrar esse hábito também. Permaneça focado no estado transparente e claro de sua própria consciência. O iogue Tilopa diz para colocar a mente apenas na consciência, sem mais nada. Com o tempo, nossas consciências enlameadas, nossas superstições, vão se acalmar e se tornar claras. A atenção plena contínua, sem interrupção, é o recurso da consciência.

Como o sol

Sua consciência é como o sol. Exatamente como os raios solares brotam do sol, seus pensamentos, seus pontos de vista – pontos de vista certos e pontos de vista errôneos – se manifestam em sua consciência. Para qualquer pensamento que você experimente, mantenha sempre a atenção plena. Esta é a meditação.

Como o espaço

Sua mente é como o espaço. Quando a chuva chega, o espaço não se perturba. A chuva cai, mas ainda assim faz parte do espaço. Uma chuva forte é perturbadora, mas, quando para, as coisas ficam quietas e pacíficas outra vez.

Chuvas são semelhantes às superstições: quando se manifestam, perturbam, porém, ainda têm a natureza de não-dualidade, ainda preservam a natureza original.

Como o oceano

Sua mente é como o oceano azul. Está aí, você apenas observa. Seus pensamentos são como as ondas. As ondas se manifestam no oceano, mas ainda fazem parte do oceano. Quando uma onda sai do oceano, há alguma turbulência. Quando volta a se imiscuir no oceano, não é diferente do oceano, é?

Como a lua cheia

Sua consciência é como a lua cheia. Nesta terra, todas as pessoas, peixes, galinhas e árvores – todas as coisas orgânicas – estão em movimento, funcionando. Mas a lua cheia está apenas lá.

Sua intensa atenção consciente continua sendo a intensa atenção consciente da consciência, mesmo que as distrações estejam indo e vindo. Essas distrações não mais o energizam, não mais o distraem. Você permanece em sua mente com a profunda atenção consciente.

Losang Chokyi Gyaltsen disse: "Firme-se e veja a olho nu a natureza daquilo que é claro e conhecedor" – em outras palavras, sua mente – "reconheça quaisquer pensamentos conceituais que surjam".

Aprenda a deixar ir

Quando você chegar a um ponto em que puder experimentar a claridade de sua consciência, tente relaxar. Mantenha sua concentração um tanto débil, em vez de exercer um grande esforço. Não pressione sua mente. Excesso de esforço e uma disciplina demasiadamente rígida não é bom. Aprenda a deixar ir.

Mantenha contínua a sua atenção e experimente a claridade. Quando a mente estiver estável, relaxe-a.

Nesse estado, você experimentará o silêncio, a alegria e até a felicidade.

"Deixar ir" tem inúmeros significados. Enquanto você dirige um carro, por exemplo, desde que esteja ciente da velocidade certa, da situação geral, é possível deixar ir, relaxar. Após relaxar, é possível desfrutar do passeio. É quase como se o carro estivesse voando, não é? Mas os novos motoristas não podem fazer isso. Estão sempre tentando ajustar as coisas; estão muito nervosos, muito tensos.

Acontece o mesmo com os meditadores. É preciso aprender a deixar ir. Se você não sabe como deixar ir, nunca poderá experimentar a felicidade. Quando você se esforça em excesso, sente dores de cabeça, sua pressão arterial aumenta e você passa a odiar a meditação. Apenas a visão de sua almofada de meditação faz com que você não queira nem chegar perto dela! Portanto, aprender a deixar ir é extremamente importante.

Quando você souber como deixar ir, diz o texto-raiz, estará livre da superstição. "Quando a mente presa a um emaranhado relaxa, sem dúvida, dá-se a libertação." Quando você sabe como se soltar, prova do delicioso bolo de chocolate da meditação. Então, toda vez que meditar, vai se divertir.

Não rejeite as distrações

Não se sinta mal quando houver distrações. Não se irrite por causa das distrações, não as rejeite. Não há necessidade de pensar: "Oh, isso é o ego. Isso é ruim". Reconheça que esses pensamentos deludidos, os pensamentos dualistas, as superstições, são meramente uma manifestação de sua consciência. Observe a natureza essencial dos pensamentos, que também são claros em sua natureza, como discutimos. Quando surgirem, em vez de rejeitá-los, olhe e se concentre em sua natureza essencial.

Ou pense que os pensamentos são como os pássaros, os aviões, todas as coisas orgânicas que se movem no espaço de sua consciência: vêm e vão. Apenas relaxe. Você pode usar sua atenção plena para observar a essência das superstições; não precisa perder a atenção plena. O Panchen Lama diz que você deveria reconhecer como movimento da mente quaisquer pensamentos conceituais que sejam gerados e, sem bloqueá-los, focar em sua natureza.

Se estiver muito distraído, relaxe e observe a respiração

Se as distrações forem fortes, o melhor é interromper a meditação na consciência e fazer a meditação na respiração de nove ciclos. Ou você pode simplesmente observar a respiração. A meditação na respiração é simples. Respire, mas não pense na respiração. Usando as técnicas de respiração, podemos ajudar nossa mente esquizofrênica e suprassensível a se acalmar, para que possamos contemplar outra vez o espelho transparente de nossa própria consciência. Às vezes, as pessoas não sabem respirar, e isso gera tensão. Observe que, quando estamos tristes ou deprimidos, suspiramos profundamente, não é? Respirar é muito importante para a saúde. Você deve ser perceptivo ao movimento de sua respiração. Respirar bem pode até suscitar o êxtase, enquanto respirar da maneira errada pode causar problemas.

Essas técnicas podem reduzir com rapidez os níveis grosseiros das superstições e, em breve, você chegará a um ponto em que sua mente se tornará mais neutra, podendo regressar à claridade da mente.

Persevere e fique satisfeito

É importante acrescentar energia à prática desde o início. E não desistir. Os textos do Vinaya ilustram isso com um exemplo: para fazer fogo usando madeiras, é preciso ter persistência. Não se pode simplesmente desistir e recomeçar; isso nunca funciona. Acontece o mesmo com a sua concentração.

Lama Tsongkhapa enfatiza que, quando tivermos alguma experiência de claridade, que fiquemos satisfeitos. Não pense: "Ah, isso não tem claridade suficiente; não foi isso o que meu lama quis dizer". Entende? Vocês são excessivamente intelectualizados. Descubra o que é certo por experiência; não siga meras palavras.

Talvez você tenha experiências especiais em meditação e depois essas experiências desapareçam. Não se desaponte. Essas experiências não têm tanto valor. São suas experiências. Nada têm a ver com intelecto, nada a ver com livros, nada a ver com minhas palavras.

Mas é importante relembrar essas experiências, que mostram o que você pode conseguir. Outras vezes, você pode ter experiências perfeitas, mas não as reconhece, e termina por descartá-las.

Quando faço retiro, eu também tenho algumas experiências – experiências curtas. Quando recordo o meu retiro, fico satisfeito. Não estou dizendo que tenho excelentes experiências, mas que são boas o suficiente. Creio que todos nós podemos ter momentos de felicidade – até mesmo a felicidade de não ser perturbado pelos conceitos. Isso é o máximo! Recorde-se desses momentos. São as *suas* experiências, não são de ninguém mais.

Mantenha a claridade após a meditação

Com o mahamudra, você não precisa fazer nada formal. A claridade de sua mente está com você 24 horas por dia, por isso é possível reter a experiência também nos intervalos. Use a atenção plena e coloque sua mente na claridade de seus próprios pensamentos.

É muito simples. É possível aplicar isso a qualquer situação: enquanto você toma chá, enquanto come, caminha, conversa – até mesmo enquanto sonha. Parte de sua mente está sempre consciente da claridade dos pensamentos.

Normalmente, você está ocupado com suas fantasias, paralisado por seus pensamentos e ideias. Ou você está sempre pensando: "Estou tão confuso", e não há senso de clareza. Mas a claridade da mente está sempre acessível. Não faz diferença se você está se sentindo confuso ou infeliz, feliz ou fantasticamente desimpedido. Todos esses sentimentos são sua mente e são claros em sua natureza.

Toda situação pode se tornar uma meditação. Observe apenas a sua própria mente, as visões se movendo em sua mente. Quando suas emoções estiverem fortes, em vez de focar no objeto, na pessoa, concentre-se na própria mente. Sente-se e observe a natureza límpida e clara dos sentimentos em si. Em vez de ocupar sua mente com os julgamentos dualísticos sobre a pessoa ou outras coisas externas, mantenha simplesmente sua atenção no sujeito, na própria mente.

Até certo ponto, você se tornará claro. Coloque sua atenção no que quer que esteja surgindo e deixe para lá, sem intelectualizar ou analisar. Certo?

Isso é belo. Qualquer que seja a situação em que você esteja, você se lembra imediatamente da claridade. Depois de desenvolver esse hábito, poderá trazê-lo para qualquer situação. Você está desenvolvendo a atenção plena. Isso é a meditação da concentração.

8. Antes de meditar no mahamudra, estabeleça o que existe e o que não existe

Somos apenas um nome

O grande estudioso indiano do século II, Nagarjuna, descreve como existimos. A combinação de nossos cinco agregados – forma, sensação, discriminação, fenômenos compostos não associados e consciência – recebe um nome. O nome é um rótulo, que vem de um conceito. É isso. Essa é a realidade, a realidade convencional. Nada mais.

Mas é característica da mente do ego jamais estar satisfeita com essa realidade. Talvez seja melhor chamá-la de "sabedoria do ego", porque, em certo sentido, o ego é tão inteligente, tão habilidoso, que impõe uma derrota avassaladora à nossa realidade.

Podemos também dizer que somos uma combinação dos seis elementos – os quatro usuais mais consciência e espaço. A esses elementos é dado um nome. O nome vem da mente; a mente olha para essa combinação e depois lhe dá um nome, um rótulo, e essa é a realidade convencional. Não importa a consideração que lhe dermos, o modo como existe não passa disso. Quero dizer: *não passa disso*!

O texto-raiz cita Nagarjuna:

> O indivíduo não é terra, não é água; não é fogo,
> não é vento, não é espaço,
> não é atenção plena e não é tudo isso.
> No entanto, que indivíduo há além desses?

Em outras palavras, se procurarmos algo mais entre cada um dos seis elementos, também não conseguiremos encontrar nada lá. Na terminologia budista, esse é o significado de *convencional*: em si, o fenômeno não é absoluto. Mas o ego mantém as coisas como absolutas. O ego *quer* um eu absoluto. Nós nos apegamos a um eu absoluto, que é totalmente inexistente. Não existe um eu absoluto; nem existem seis elementos absolutos, cinco agregados absolutos. Não há nada, cientificamente.

Quando entendemos isso, vemos que, se algo *existisse* inerentemente, não poderia mudar. Nada existe assim!

O ego exagera

O ego deseja, o ego *quer*. Quando é verão e a temperatura sobe muito, o ego quer a Coca-Cola da realidade absoluta. A Coca-Cola torna-se a solução absoluta. Essa visão é completamente enganadora; é um exagero. A Coca-Cola tem uma qualidade relativa, convencional e artificial; então, como podemos dizer que é absoluta?

Quando a mente do ego reconhece algo, não há espaço para aceitá-lo *como é*. A mente do ego precisa ir além do modo relativo em que a coisa existe. Por essa razão, o budismo enfatiza o entendimento da interdependência como a lógica que comprova a não-dualidade, a não-autoexistência. Nós já entendemos isso até certo ponto.

Não há Scott algum

Tomemos o Scott como exemplo. Damos o nome "Scott" ao conjunto de seis elementos que está sentado aqui. Existe essa combinação aqui e depois mencionamos o nome "Scott". Três coisas estão envolvidas nesse processo: sua mente, o nome e a realidade convencional dos seis elementos de Scott. Bom, deve haver algum motivo para dizermos "Scott"; *há* alguma razão, sempre há alguma razão. Mas essa razão é superficial; não há nenhuma qualidade absoluta.

Não há *nenhum* fenômeno absoluto ali. Algo acaba de acontecer, como um vento entrando... Scott está entrando. Tudo o que consiste no Scott é apenas um fenômeno interdependente ligado ao pensamento: nosso pensamento supersticioso e conceitual diz a palavra "Scott". Tudo isso é apenas uma bolha; *algo assim* interdependente.

Existem essa combinação e essas partes, e então lhes damos um nome. Isso é tudo. Não podemos ir *além* disso. Não podemos dizer: "Scott é especial". Mas estamos procurando por mais do que isso, algo objetivamente existente; nosso ego não está satisfeito – em particular, se formos atraídos por Scott e projetarmos nele alguma qualidade de beleza.

Nosso ego tenta projetar beleza em Scott para quase além de sua capacidade. Quando vamos além do nível convencional interdependente, então ele se torna absoluto. Mas é um absoluto falso, não é? Talvez hoje possamos realizar essa projeção, mas amanhã a projeção terá desaparecido.

E então, do lado dele, do lado do próprio ego, Scott também não quer se aceitar no nível superficial convencional, como um fenômeno interdependente. Seu ego também vai além da realidade convencional de si mesmo. Seu ego também está mantendo esse conceito de "belo", que é absoluto para ele. Scott coloca esse rótulo em partes de si mesmo: às vezes coloca nos olhos, às vezes no nariz, às vezes na boca; às vezes no pescoço – talvez no chacra do umbigo! Ele tenta, tenta, mas não tem jeito. É como se Scott estivesse forçando coisas extras para si mesmo.

Em outras palavras, o que estou dizendo é que Scott tem uma visão absoluta, imutável, não convencional, não superficial. Ele pensa: "Esta é a minha realidade".

Scott é meramente rotulado

Scott não existe em *nenhum* dos elementos de seu corpo, em *nenhuma* das partes de sua mente. É como um carro antes de ser montado na fábrica: é apenas um aglomerado de peças, certo? Não se trata de um carro, então. Essa combinação de peças não é o carro. Dá-se o mesmo com Scott: a combinação das partes de Scott não é Scott.

Mas, se colocarmos Scott na frente de um espelho, haverá duas coisas, certo? O reflexo de Scott no espelho e Scott em frente ao espelho. Assim, em nosso julgamento, pensamos: "Scott é o verdadeiro; aquele no espelho é apenas um reflexo, não é Scott".

Porém, do ponto de vista dos grandes iogues Nagarjuna e Lama Tsongkhapa, em ambas as esferas – no corpo de Scott e no reflexo de Scott – não há um Scott que exista. O reflexo não é ele; a bolha que reúne seus elementos também não é ele. Ambos igualmente não são ele. Não é: "Ah, a combinação de partes é Scott e o reflexo não é Scott". Usualmente, pensamos assim. Mas, realisticamente, quando tentamos encontrar Scott nessas duas esferas, não é possível. De jeito nenhum.

Scott vem do nome, do rótulo. *Por isso* é que ele é existente. Os conceitos de outras pessoas produzem o nome artificial, o rótulo; então Scott existe. Por esse motivo, toda a realidade convencional é produzida pela mente supersticiosa. Por esse motivo, Scott não é terra, Scott não é água, Scott não é fogo, Scott não é consciência, Scott não é espaço.

Entre os elementos e o nome, a visão superficial, esse é o único Scott existente. Não podemos ir mais longe. Tudo o que existe é a totalidade de Scott, a não-existência de Scott, o mahamudra de Scott. Mas nós queremos ir além do nome, não é? Esta é a conclusão: cada um dos elementos individualmente não é Scott. E o conjunto desses elementos, a combinação, não é Scott. Tornar-se Scott *depende* do rótulo e do nome dado a esses elementos. Essa conexão entre o nome e os elementos é o modo como Scott existe. O funcionamento disso é Scott.

Quando nós não conceituamos em meditação sobre a nossa experiência de Scott, nossa mente extrapola as convenções de Scott. Se ficarmos ali por um tempo, contemplando, e depois de nossa sessão nos abrirmos para a sua atmosfera, seus elementos, Scott parecerá uma miragem: "Ele está lá ou não? É real ou não real?"

De alguma forma, há alguma vibração ali, mas não é absoluta. Em outras palavras, o Scott absoluto desaparece. Quando estamos vendo com o ego, sempre sentimos que Scott é absoluto, o que é absolutamente errado; é porque não provamos da não-dualidade de Scott.

Nós realmente acreditamos em "estou aqui"

Aqui falamos sobre Scott; estou usando Scott como exemplo. Mas ocorre o mesmo para cada um de nós. Sentimos: "Sou tão sólido. Sou isso, sou aquilo". Acreditamos: "Sou aquele que é importante".

Mantemos uma visão dualista do nosso próprio *self*. Nossa responsabilidade é observar essa visão, a maneira como a mente do ego apreende o eu como autoexistente. Existo como eu acredito ou não? Devemos verificar isso.

Sentimos de verdade que em algum lugar do corpo ou da mente "eu estou aqui". Essa é uma concepção totalmente equivocada! Significa que não reconhecemos como as coisas funcionam convencionalmente, como as coisas existem interdependentemente. Não conseguimos aceitar isso. Sentimos que temos algum tipo de realidade absoluta.

O *self* convencional existe apenas para a mente relativa

Durante a meditação mahamudra, não estamos tentando destruir a visão convencional do eu – de qualquer maneira, esse não é o problema. O grande iogue, o iluminado Tilopa, disse a seu discípulo Naropa: "Meu filho, você não está limitado pela própria consciência. Você é mantido em cativeiro por seus conceitos, que têm um torque muito forte".

Em outras palavras, o reflexo dos fenômenos que aparecem em minha mente não é o problema em si. O problema é que estimulamos a mente, sacudimos a mente com as opiniões dualistas: você é isso, você é aquilo. Por causa disso, precisamos aprender a não julgar com conceitos artificiais, como estes: isso é bom, isso é ruim. Entende? Precisamos eliminar esse tipo de pensamento e ampliar a nossa visão da realidade.

Quero que você entenda que o eu convencional existe *apenas* para a mente convencional, uma mente convencional válida. Mas a mente do ego sente que existe um eu aqui que não é dependente, que existe sem depender de qualquer outro fenômeno, que é sólido. *Este* é o conceito do ego.

A Coca-Cola relativa e convencional funciona apenas para a mente relativa. Não é possível que a Coca-Cola se torne absoluta. Essa é uma combinação de elementos reunidos à qual damos um nome, e a combinação torna-se Coca-Cola. É o mesmo conosco: o que chamamos de "eu sou isso, eu sou aquilo" é apenas a conexão entre o nome e os elementos. Essa é a única maneira pela qual existimos.

Por causa de nossas superstições e delusões, criamos a fantasia da existência convencional. Mas a mente do ego não quer aceitar isso; quer tornar o ego absoluto, o que não é possível.

Precisamos nocautear o ego intuitivo

O problema é: enquanto mantivermos o conceito de que nosso *self* existe objetivamente no âmbito dos cinco agregados, que tal eu existe por si mesmo, sem depender de nada, então não tocamos a realidade, que superestimamos ou subestimamos. Portanto, a habilidade especial da técnica de meditação mahamudra é afugentar essas concepções.

Ver as coisas como absolutas dessa maneira, mantendo o conceito de um eu independente, não é uma ideia do ego criada intelectualmente, inventada filosoficamente. Poderíamos trocar uma visão filosófica sobre o ego por outra, mas isso não resolve o nosso problema. O que precisamos fazer é derrotar o ego *intuitivo*, o ego nascido simultaneamente, o ego inato. Esse ego é tão instintivo que é muito difícil capturar suas projeções.

Por isso, precisamos de um estado de consciência limpo e transparente, obtido primeiro pela concentração na claridade de nossa mente, para depois podermos cortar os pensamentos supersticiosos, ir além do ego e descobrir mahamudra.

9. Agora, procure o *self* e encontre mahamudra

Após nos familiarizarmos com a contemplação da claridade de nossa mente – como dito no texto-raiz, "um método incrivelmente hábil que estabelece a quietude da mente e uma forma de introduzir a mente convencional" –, podemos avançar para investigar a visão errônea do ego, como o ego percebe, para que possamos realizar o mahamudra, nossa natureza última.

Para vivenciar o mahamudra, precisamos destruir a concepção do ego, a imagem idealista alucinada, a visão concreta: "Este sou *eu*". Passemos, então, a investigar esse conceito errôneo, porque, se não pudermos reconhecer como a mente do ego projeta suas alucinações na realidade, nosso mahamudra será uma meditação Mickey Mouse.

É muito difícil reconhecer a autoentidade que o ego está mantendo. Por isso é que, em primeiro lugar, acalmamos os níveis mais graves da mente na meditação da concentração. Sem essa concentração, não há como identificar os níveis inconscientes do ego que mantêm o *self* independente e, portanto, não podemos realizar mahamudra.

Sob condições normais, nosso senso de *self* é só uma vaga noção, e nossa mente superficial comum nunca tenta identificá-lo. Por causa disso, devemos investigar profundamente e tentar identificar com exatidão como pensamos que essa fantasia existe.

Lama Tsongkhapa diz que, se você tem medo de cobras, mas alguém lhe diz que não há elefantes por ali, de que serve isso? Seu problema são as cobras! Portanto, devemos identificar exatamente o problema; precisamos garantir que entendemos de fato como o ego mantém suas bobagens.

O peixe da atenção plena

Então, vamos meditar sobre o mahamudra. Primeiro, atinja um nível de concentração com o qual você fique satisfeito, concentrando-se na claridade de sua consciência. Isso não é algo que eu possa detalhar, dizendo que se trata exatamente disso ou daquilo. Mas, talvez, possamos dizer que é quando você tem alguns minutos sem distração emocional – na verdade, isso seria excepcional! E esteja satisfeito com isso. Evite pensar: "Ah, apenas dois minutos! Devo ser capaz de me concentrar por vinte e quatro horas!". Não tente prender a concentração, senão você perderá tudo.

Em seguida, a partir desse estado transparente e sem distrações, passe a investigar o oposto da sabedoria mahamudra: o ego intuitivo, o chamado ego nascido simultaneamente. Em seu texto principal, o Panchen Lama diz que devemos ser como um peixe movendo-se pela água sem perturbá-la: a partir desse mesmo estado de equilíbrio anterior, investigue inteligentemente, com sutil atenção consciente, a essência do indivíduo que está meditando, exatamente como um peixe pequeno que se move em águas translúcidas sem causar nenhum distúrbio.

A principal meditação, portanto, é uma forte concentração na claridade da mente. Enquanto faz isso, sua sutil sabedoria analítica, sua atenção plena, observa atentamente, pronta para *capturar* a maneira como a mente do ego percebe o eu autoexistente e *compreende* simultaneamente o eu não existente.

Não pense que, porque você está tentando se concentrar na mente, não pode ter ao mesmo tempo outra parte de sua mente em estado de alerta, em observação. Por exemplo, ao sentar-se para meditar, você ainda percebe os sons da respiração de outros, o movimento que há na sala, mas nem por isso se distrai, não é mesmo? É natural.

Nos textos tibetanos, é usado o exemplo de duas pessoas que conversam enquanto caminham – "Um longo caminho a percorrer, *baby*!". Essas pessoas têm a consciência da estrada, mas não estão *observando* a estrada, nem acham que seja uma estrada boa ou ruim.

E não pense que o peixe da atenção plena é separado, como um pensamento separado, porque não é. Sim, uma parte da sua mente prossegue com a concentração na claridade, enquanto outra parte, o peixe da atenção plena, observa atentamente. São diferentes funções. De início, você as vivencia como separadas, mas, ao aprender a deixar ir, você as experimentará como unidas. Assim como os raios de uma luz que brilha sobre tudo fazem parte da luz, seus pensamentos também fazem parte da consciência que supervisiona tudo.

O ego é como um ladrão

O que pode acontecer é que a aparência do ego surja, mas você sentirá falta dessa aparência. É como um ladrão que foge quando ninguém está olhando e que se esconde quando alguém se vira. Se você se esforçar demasiadamente no sentido de encontrá-lo, o ego desaparecerá. É exatamente assim que a mente do ego nos engana. É sorrateira e esperta.

Em vez de desenvolver a força do ego, desenvolva a força do peixe da atenção plena para capturar o ego. A mente egoísta está dizendo: "Eu autoexistente, eu autoexistente", mas sua sabedoria sutil está tentando reconhecer "eu não autoexistente, eu não autoexistente".

Um nível mais grosseiro das visões do ego

Há um eu real? O que é este eu? Você precisa pesquisar. A visão do ego tem diversos níveis, alguns mais grosseiros e outros mais sutis.

O eu é o corpo? Você experimentará muitas coisas, afirma Lama Je Tsongkhapa. Às vezes, percebe que o eu está em algum lugar entre os agregados, em particular, no corpo. Superficialmente, parece que sim. Esse corpo é a base da nossa identidade, não é? Em especial no Ocidente, o corpo é enfatizado, de modo que a mente do ego acredita firmemente que o *self* essencial está relacionado com o corpo.

Verifique: use o seu peixe de atenção plena. O eu está no nariz, no ouvido, em outras partes do seu corpo? Dentro das células, dos átomos? O ego pensa que deve haver algo presente aqui. "Em algum lugar deste corpo *eu* existo."

Às vezes, você terá esse sentimento concreto de eu em seu coração. Às vezes parecerá estar no peito, outras vezes, na cabeça. Ou, às vezes, você pode perceber uma escuridão completa ou sentir que está totalmente no espaço.

O eu é a mente? A combinação? Agora pense: "Não, não apenas este corpo; talvez minha mente seja o meu eu. Ou, quem sabe, o eu seja uma parte da consciência? A consciência sutil? Meus pensamentos?"

Depois, aprofundando-se na análise, verifique se o *self* é a combinação do corpo com a mente. "Talvez a combinação de meu corpo com minha mente seja *eu*".

Mantenha o foco na claridade de sua consciência. O peixe da atenção plena observa cuidadosamente, sem perturbar a claridade.

Essas são as visões da mente do ego, que estão no nível mais grosseiro. Você ainda não descobriu a projeção do seu ego nascido simultaneamente.

É possível ver que o objeto da mente do ego *não* é o corpo dos cinco agregados, *nem* a mente, *nem* a combinação: não é isso que o ego sustenta. Estes não são problemas do ego. Não.

Em contrapartida, não basta pensar: "O eu *não* é o meu corpo, *nem* a minha mente, *nem* a combinação dos dois".

Nem basta apenas *não* ter a aparência do corpo como eu, não ter a mente como eu, não ter a combinação dos dois como eu. O desaparecimento desse tipo de impressão não é suficiente para a realização da vacuidade.

Talvez você tenha a experiência de ir além do seu corpo, quase um sentimento de não-sujeito, não-objeto. Isso é bom. Mas não basta.

Pode ser que você tenha alguma visão do que pensa ser o *self* – "Talvez eu seja isso?" – e logo descobre que essa visão não é verdadeira – "Eu não sou isso". Isto não é realização de vacuidade.

Essas experiências são *positivas*. Mas você ainda não identificou a energia do núcleo do ego, o eu autoexistente, que não existe, mas que gera todos os problemas.

Refutar essas ideias não é suficiente para ir além do ego, não é suficiente para descobrir o grande selo do mahamudra. É um começo, mas não é o bastante. A aparência do eu real é mais sutil.

Agora, investigue a visão real do ego

Vá mais fundo. Verifique cuidadosamente. Mantenha-se focado na claridade de sua mente. Mova o peixe da atenção plena sem perturbar a claridade; vigie intencionalmente. O peixe está pronto para capturar a concepção do ego.

O que a mente do ego está de fato segurando é um eu que existe por si mesmo. A mente do ego acredita perfeitamente que em algum lugar, em algum lugar profundo dentro de você, bem solidamente dentro de você, para além do corpo, para além da mente, está a identificação concreta "eu".

É algo que é bastante dissociado, que não é dependente, que não é um fenômeno interdependente – que não depende principalmente do nome "eu", "*self*".

Esse sentimento de um eu dissociado, independente, concreto, de uma autoentidade imutável, inabalável, uma energia essencial aqui em *algum lugar* – "Isto sou *eu*!" – está profundamente enraizado; é instintivo, espontâneo, além do intelecto.

E permanece ali, continuamente. Não importa se você está adormecido, desperto, conversando com os outros, consigo próprio, ou mesmo se se esquece de si, o ego sempre mantém essa entidade concreta *eu*.

Até mesmo se você imaginar alguém cortando o seu corpo em pedaços até que não sobre mais nada, ainda sentirá que existe um eu independente e dissociado ali. Isso é intuitivo, espontâneo.

Desse modo, com a sua atenção plena, observe o eu, o eu que existe por si mesmo, sem depender do nome, que vai além de suas características relativas. Tente identificar esse eu no qual você acredita totalmente que exista em algum lugar *aqui* – o eu real, o verdadeiro *self*.

Isto é difícil. Não é fácil captar a projeção do ego nascido simultaneamente. É preciso ter uma sabedoria aguda. Às vezes, o ego nascido simultaneamente vem, mas você o perde; portanto, o seu peixe da atenção plena deve estar focado nisso.

Não conceitualize. Mantenha o foco na experiência natural de sua consciência universal. Você experimentará a paz, a alegria e o êxtase.

Sem movimentar o oceano de sua mente, use seu peixe de atenção plena.

Por um momento, o peixe pode pegar a mente do ego prendendo o eu objetivamente existente, que parece existir sem rótulo, sem nome, sem nenhuma circunstância – e *consequentemente,* por um momento, o peixe descobrirá que tal entidade é totalmente *inexistente.* Sua sabedoria sutil compreende o eu da não-dualidade, não autoexistente.

Vivencie a ausência de identidade. Solte-se.

Novamente, a visão intuitiva do ego virá, e novamente você perceberá que o eu está ali. Outra vez, concentre-se e o eu desaparecerá outra vez e uma experiência de não-dualidade sobrevirá.

A cada vez que você encontra a *não*-existência do seu eu, experimentará a não-dualidade. Contemple. Deixe sua mente nesse estado.

Busque por seu vizinho autoexistente

Agora, sem abrir os olhos, estenda a mão e toque na pessoa sentada ao seu lado. Toque no colo, no braço, em alguma parte do corpo da pessoa. Apenas alcance e toque, sem abrir os olhos.

Mantenha a atenção plena na claridade de sua própria consciência; contudo, ao mesmo tempo, verifique: o vizinho que está a seu lado existe ou não?

Você está tocando um vizinho autoexistente? Alguém que você percebe que está ali, antes mesmo de tocá-lo? Ou você está tocando na projeção de sua superstição que existe apenas no nome?

Use o seu peixe da atenção plena para investigar.

Talvez você sinta que está tocando uma pessoa autoexistente, alguém objetivamente existente. Seu ego descontrolado mantém essa entidade tão fora de controle que você sente que precisa sair com pressa para ver o seu namorado ou namorada!

Você sente que seu vizinho já está *lá*, sólido, existindo separadamente. Sua mão está tocando em alguém que não depende do rótulo, que não tem nada a ver com o fato de você chamá-lo de "vizinho".

Mantenha intensa e estável atenção plena na claridade de sua mente; use o peixe da atenção plena. Sua mão está tocando uma entidade autoexistente? Vizinho autoexistente? Osso, sangue, pele autoexistente?

Como em um sonho

Vamos usar um exemplo. Digamos que você sonhe com mulheres e homens desfrutando de coisas; são pessoas e prazeres de sonhos, não é mesmo? Esses seres vêm de sua própria mente adormecida. Serão reais enquanto o sonho durar. Essa realidade de pessoas e prazeres é uma projeção de sua mente, vinda apenas de sua consciência.

Não são existentes objetivamente, em si mesmos; não há senhoras e senhores objetivamente autoexistentes ou experiências de prazer; não há. São apenas experiências alucinadas da mente onírica. Enquanto você estiver nesse estado de sonho, essas pessoas parecerão verdadeiras. Mas quando você acordar, serão vistos como inexistentes. Você sabe que as pessoas dos sonhos não são realidade; não existem como você os percebe.

Bem, é o mesmo com o nosso vizinho; este é um exemplo perfeito. Sentimos que o meu querido amigo sentado ao meu lado hoje é o mesmo amigo de ontem. Acreditamos que o vizinho que eu toco hoje já estava *ali*.

Se eu lhe perguntar: "O vizinho de ontem ainda existe?", você dirá que não, porque intelectualmente entendemos que o objeto de ontem não existe hoje. *Sabemos* que as coisas mudam a cada momento. Mas quando tocamos nosso vizinho agora, achamos que o vizinho de ontem está *ali* hoje.

A particularidade que quero realçar é que: se são mulheres e homens em estado de sonho ou em estado de vigília, ou qualquer fenômeno do mundo sensorial, eles *não* existem por si mesmos. Manifestam-se em nossa consciência; são rotulados por nossas superstições.

Perca o vizinho autoexistente

Com o seu peixe da atenção plena, *descubra* que não existe vizinho autoexistente, um vizinho que exista por si mesmo. Aquilo que você toca com a mão é um vizinho não-autoexistente.

O seu vizinho não existe dentro de si; é manifestação de sua mente, é rotulado por suas superstições. Seus próprios conceitos engendram o seu vizinho.

Quando os conceitos desaparecem, o objeto também desaparece, uma vez que o objeto e o sujeito são interdependentes. A mandala dualista entrou em colapso. Você experimenta a não-dualidade.

Contemple isso.

Perca o *self* autoexistente

Dá-se o mesmo com o seu próprio *self*. "*Eu* toco o outro." Mantenha sua atenção plena na claridade de sua consciência.

Outra vez, o seu peixe de atenção plena observa atentamente e verifica como a mente do ego sustenta o *self*: esta natureza mais profunda, essa entidade concreta, desconectada e sólida, deve estar em *algum lugar* dentro de você.

Desta vez, o intuitivo peixe da atenção plena captura as emoções do conceito do ego para então descobrir que o eu que parece existir por si mesmo, sem depender de nada, nem de uma única partícula dependente, não existe como parece: é totalmente inexistente em qualquer fenômeno, interna ou externamente.

A visão do ego nascido simultaneamente, que mantém tal projeção do ego – o conceito de eu, a fantasia que você construiu – dissolve-se. Você, o buscador e a coisa buscada, dissolvem-se; sujeito e objeto dissolvem-se.

Esta é a experiência.

Você deve estar assustado! Essa é uma reação natural. Por tanto tempo você acreditou nessa projeção do ego, nesse ego nascido simultaneamente, nessa fantasia construída. Assim, quando essa fantasia se dissolve, é *claro* que o medo sobrevém.

Durante um dos ensinamentos de Lama Tsongkhapa sobre a vacuidade, ele percebeu que um de seus principais discípulos, um grande iogue, de repente agarrou-se a si mesmo. Lama Tsongkhapa sabia que aquele gesto significava que o iogue havia experimentado a perda de seu eu, o senso concreto do *self*. Para o iogue, o universo inteiro se fora, seu *self* se fora. Estava em pânico, então agarrou a si mesmo para ter certeza de que ainda estava ali! Não se desaponte. É convencional. Abandone isso, deixe ir. Vivencie esse estado de consciência não subjetivo e não objetivo.

Nada há que não tenha sido rotulado por sua mente

Essas são apenas palavras intelectuais, minhas. Você precisa capturar isso em sua meditação com o seu peixe intuitivo de atenção plena, repetidas vezes. Quando você se aprofunda, o senso do eu autoexistente desaparece. Essa é a verdadeira experiência de mahamudra. Você descobre a vacuidade do eu não autoexistente, o eu não absoluto, o eu que é totalmente inexistente em qualquer parte dos agregados, o eu que não existe sem depender de alguma circunstância, em particular, sem depender da sua mente que o rotula de "eu". Reconheça, como mostram Lama Je Tsongkhapa e Nagarjuna, que você existe *apenas* no nome; que não há nenhum caráter de *self*.

Este é um ponto difícil. Obter a experiência disso não é fácil. Comparativamente, é fácil se concentrar na claridade da consciência. Isso é *fácil*. Mas não é fácil captar a experiência do ego. Ele aparece de repente, sem que se espere, então você precisa estar preparado. Senão, como discutimos, você o perderá. O ego desaparecerá e será tarde demais. Só depois pensamos na solução.

Eu queria que você vivenciasse este ponto com a pessoa que estiver sentada ao seu lado; perceba que, quando você a toca, sente que há uma pessoa *ali*, que existe por si mesma, algo sólido, bem ali, um vizinho autoexistente, um vizinho que não depende de suas concepções sobre ele.

É nisso que verdadeiramente acreditamos! Quando pensamos nessa pessoa, podemos descrevê-la relativamente: é deste modo, daquele modo, com tais qualidades. Contudo, tão logo fazemos isso, estamos indo longe demais, indo além do normal. Excedemos o que está ali. Não estamos satisfeitos com a realidade relativa, com a pessoa convencional.

Porém, não é possível encontrar nenhuma natureza absoluta ali. Devemos ficar satisfeitos com o que é relativo. É exatamente o que ocorre quando analisamos Scott.

O ego quer mais, certo? O ego deseja encontrar algo ali, objetivamente: *aqui* está o meu amigo! *Aqui* é possível encontrar este sólido amigo. De jeito nenhum! A mente do ego deseja um amigo que saia de dentro de si, alguém definitivamente ali que não dependa de nada, que exista sem depender de nenhum outro fenômeno, em especial do nome, do rótulo, que venha de nossa mente. *Esta é* a concepção do ego.

O fato é que, contanto que a mente relativa esteja aberta, os cinco objetos dos sentidos existirão, mas quando a mente relativa desaparece, os objetos inexistem. Enquanto não estamos usando nossa percepção, esses objetos não são reais para nós. Dessa forma, podemos perceber que sujeito e objeto são fenômenos interdependentes. A existência dos cinco objetos dos sentidos depende da mente relativa.

Mas normalmente consideramos que tudo é autoexistente. Esse é um conceito ao qual falta realismo;

não tem nada a ver com os objetos da realidade. De acordo com a realidade universal do mahamudra, esse é um conceito errôneo.

Não há nada que experimentemos neste mundo dos sentidos que exista sem ser projetado por nossa mente e rotulado por nossa mente. Tal coisa não pode existir, nem mesmo relativamente – isso sem mencionar que pudesse existir em última análise.

Mas nós achamos que existe. Quando tocamos nosso vizinho, acreditamos que alguém está *ali*, autoexistente, separado de nossa concepção. Acreditamos que há uma pessoa sólida ali, que nossa mão teria tocado algo concreto. Isto é um equívoco total!

Subjetivamente, não existe o vizinho, nem esse *self*; objetivamente, não existe o vizinho nem esse *self*.

Após identificarmos o que pensamos que o *self* é, bastará um momento apenas para percebermos sua vacuidade

Mesmo com a sabedoria introspectiva mais precisa, que busca o eu em todos os átomos do nosso corpo, em todas as partes de nossa mente, ou separado da mente e do corpo, descobriremos o quanto é difícil reconhecer a autoentidade que o ego está segurando.

Contudo, Lama Tsongkhapa diz que, após finalmente identificarmos *com exatidão* essa falsa concepção do eu, a projeção do ego, levaremos cerca de um minuto – um segundo! – para descobrir sua vacuidade; descobrir que esse eu não existe. É como ligar um interruptor: em um instante descobrimos a não-dualidade, a vacuidade, o mahamudra.

Obviamente, isso só é possível por meio da meditação, quando alcançarmos o samadhi. É absolutamente impossível identificar a entidade que a mente do ego possui apenas por meio do intelecto. Usar o peixe da atenção plena não é um exercício intelectual. É *experiência.*

A força de nossa compreensão não conceitual do não-*self* ou da ausência de identidade contradiz os conceitos concretos, naturalmente. Para quebrar o conceito de *self*, usamos o peixe da atenção plena que nos ajuda a experimentar o eu autoexistente como não mais uma realidade: experimentar intensamente o mahamudra.

Vá lá fora e procure o eu

Quando você estiver recebendo ensinamentos de mahamudra, não medite apenas enquanto estiver sentado durante as sessões. Nos intervalos, enquanto caminha por aí metendo-se em situações; ao experimentar as coisas momento a momento, leve consigo sua experiência de meditação; continue usando o peixe da atenção plena para pescar o eu.

Isso é especialmente importante quando se está excitado – quando algo ruim acontece ou quando você está extremamente feliz – por causa da sensação do eu autoexistente que surge com força. Ao usar o peixe da atenção plena nesses momentos, será possível captar a experiência do eu autoexistente antes que o eu exerça o seu domínio, e você poderá perceber que, fundamentalmente, esse eu não existe.

Desse modo, você pratica o tempo todo: durante os ensinamentos, enquanto medita, enquanto come, enquanto caminha. É muito útil. É como se o seu guru lhe dissesse: "Agora, vá e procure o seu eu, busque pelo seu eu". Assim, quando você sai e apenas observa, analisando os conceitos concretos do eu – o eu existe ou não? Quando uma situação trouxer o eu, você verifica: o eu está aí?

Essa prática é muito significativa. Nos intervalos entre as sessões, basta olhar. O ego vem por aqui, por ali. Confira, investigue com habilidade. De jeito nenhum deixe o ego sair! Dessa maneira você poderá capturar o ladrão: o ego que se projeta.

Lembro-me de uma história que meu guru, Sua Santidade Trijang Rinpoche, contou certa vez. Um lama disse a um de seus discípulos que, naquele dia, o discípulo devia procurar por seu eu. O discípulo levou isso muito a sério, literalmente, e assim foi subindo e descendo as montanhas, por todo lado, desta maneira e daquela, buscando pelo eu. Depois de algum tempo, completamente exausto, o discípulo voltou e informou ao lama: "Procurei o eu em muitos lugares, mas jamais o encontrei". Ele foi bem-sucedido!

Aí está: não ver é ter a visão perfeita!

10. Finalmente, realize a vacuidade de todos os fenômenos

Cumprimente suas delusões com prazer

Às vezes, você se sente oprimido pelo ego quando medita; às vezes, surge um ego enorme. Ou, por outro lado, agora que você experimentou alguma claridade em sua meditação porque seu inacreditável Monte Meru de projeções caiu, ficará chocado com a diferença entre esse estado e sua maneira enganosa de ser, suas alucinações habituais. "É inacreditável, como sou deludido!" Suas emoções elevam-se espontaneamente.

Mas não se deprima. Quando você medita no mahamudra, isso pode acontecer. Na verdade, é bom que o ego surja, que você perceba suas delusões. Tome isso como uma realização.

Por outro lado, você pode ficar tão impressionado com as sensações dessa paz, de tanto amor e compaixão, que poderá chorar espontaneamente. Não há lógica nisso; é que as lágrimas vêm simplesmente por se estar em um estado mental tão claro.

Ou, talvez, depois de experimentar a superquietude mental, a superpaz, a felicidade de sua própria mente, quando você sai pelo mundo e ouve as conversas normais das pessoas, é como o som de unhas raspando! A vida pode parecer um inferno!

Mas tenha compaixão pelos outros

O que você pode fazer é converter essas experiências em bodhicitta – tanto amor, tanta compaixão por todos os seres vivos, especialmente aqueles que estão deludidos, enganados, que têm um ego muito grande, que não estão nem tocando a realidade. Quando estiver sobrecarregado pelas projeções do ego, por todo esse samsara dentro de você, procure lembrar que isso é igual para todos. Você terá muito mais compaixão. Está bem. Solte-se.

Quando já tiver tido uma pequena experiência de não-autoexistência, você desenvolverá grande compaixão pelos seres que ainda não descobriram essa profunda realidade universal. Você pode ver como esses seres sofrem por causa de seu conceito concreto de ego, mantendo a noção de "eu". A necessidade desses seres é imensa; eles têm muita insatisfação.

Quem quer que seja, rico ou pobre, inimigos ou amigos – não importa. Todos sofrem muito. Como seria possível não ter compaixão? Esse entendimento engendra ainda mais energia para que se continue a investigar a própria natureza interior, a fim de ampliar a compreensão da não-autoexistência.

Em primeiro lugar, experimente a vacuidade; depois, amor, compaixão e bodhicitta. Precisamos da vacuidade e da bodhicitta, que, enfim, se sustentam uma à outra.

Sem o peixe da atenção plena, você apenas perde o foco

O grande iogue Lama Tsongkhapa disse que, no Tibete, havia muitos meditadores que não entendiam a necessidade dos peixes da atenção plena, que perdiam o foco por completo, quase como se estivessem embriagados e que, em virtude disso, jamais tocavam a realidade. Hoje em dia, também, diversos meditadores pensam que a verificação analítica do peixe da atenção plena não é importante ou que não é possível ter a experiência unidirecional do samadhi e usar simultaneamente o peixe da atenção plena.

No entanto, o argumento de Lama Tsongkhapa é que é factível – e necessário! Você *precisa* usá-lo para analisar o que ocorre, não apenas para verificar quem está experimentando o *self*, como também para, em sincronia, verificar se você está se ausentando, se a claridade é forte e assim por diante. Com o peixe da atenção plena é possível tocar a realidade; compreender o eu da não-dualidade e a consciência da não-dualidade. Sem isso, o meditador acaba se afastando ou se perdendo – *esta* é a grande preocupação.

Outro problema é que algumas pessoas meditam por motivos errôneos: têm tanta aversão à realidade do mundo que rejeitam tudo e depois têm problemas psicológicos. Vão meditar e acabam em um hospital psiquiátrico. É possível.

A experiência da meditação não contradiz a realidade convencional

Quando você medita, pode chegar a um ponto em que experimente a inexistência do *self*, objetiva e subjetivamente. Mas é possível interpretar erroneamente essa experiência. Você pode facilmente ter a impressão de que não há um eu, não há o bem nem o mal, nem samsara, nem nirvana, nem causa e efeito.

Na vida cotidiana, a pessoa está tão envolvida com a mente relativa nos níveis mais grosseiros da mente, a mente convencional, que, como seria de se esperar, pensa que tudo *verdadeiramente* existe, como no supermercado: todas aquelas coisas existentes! Assim, na meditação, esse eu egocêntrico sente o gosto da inexistência de si mesmo, e a pessoa tem uma experiência de vacuidade, sem convenções, sem nirvana, sem samsara.

Você pode se tornar facilmente niilista por causa dessa experiência de meditação, pensando que isso contradiz a realidade relativa e que, portanto, nada existe. Contudo, ter a experiência da não-dualidade na meditação não significa que, convencionalmente, não exista o *self* ou nada mais. Existe! Causa e efeito, *sim*, existe; as quatro nobres verdades, *sim*, existem!

Quando você interrompe a sua meditação e abre os olhos, novamente usa a mente convencional e novamente tudo está lá. Porém, o eu relativo e os fenômenos relativos são verdade *apenas* para a mente relativa; são válidos só convencionalmente. O eu e tudo o mais são fenômenos interdependentes, que aparecem como em um sonho, como ilusão, mas, apesar disso, funcionando à sua maneira.

Portanto, não se confunda com isso e não tenha medo disso. Não confunda o convencional com o supremo. Esses dois mundos não se contradizem, mesmo que você pense que sim.

Seja como for, o eu relativo e os fenômenos relativos já existem no espaço da não-dualidade, lembra-se? Não estão separados disso. Já têm o caráter de não-*self*, o caráter de não-dualidade, a natureza inata da não-dualidade, da ausência de identidade pessoal. Esse é o seu caráter original. Eles sempre tiveram isso.

Perceba, em primeiro lugar, a vacuidade do eu autoexistente e, depois, a dos outros fenômenos

Lembre-se, mesmo que possamos compreender isso intelectualmente – que o eu e todos os fenômenos são da natureza da não-autoexistência –, tudo o que experimentamos por meio dos sentidos e da consciência mental ainda parece existir como surge para nós: dualisticamente. No momento em que abrimos os olhos, percebemos tudo, inclusive o nosso próprio eu, de modo dual.

O Panchen Lama nos diz que, com o tempo, depois de nos familiarizarmos com nossa meditação mahamudra repetidas vezes, como descrevemos, sempre que investigarmos em detalhe como qualquer objeto dos seis tipos da consciência aparece, o modo como esse objeto existe surgirá sem disfarce e vividamente.

Em seguida, o Panchen Lama diz:

> Resumindo, não se apegue à existência inerente de quaisquer objetos que apareçam – como sua

mente e assim por diante – e sempre sustente, com certeza, o modo como existem. Com esse entendimento, todos os fenômenos do samsara e do nirvana estarão unidos em uma única essência.

Veja bem, o mahamudra descreve a realidade universal de todos os fenômenos existentes, não apenas o eu. Mas, no começo, não é importante descrever a não-autoexistência de coisas externas. Primeiro, precisamos experimentá-la em relação a nós mesmos. Precisamos eliminar o conceito de ego, essa entidade irreal que nunca existiu no passado, não existe agora e jamais existirá no futuro.

Depois de alcançarmos essa realização, será fácil experimentar a vacuidade de todo o resto. Tendo descoberto a não-dualidade de nosso próprio eu, descobriremos a não-dualidade de todo o universo.

O Panchen Lama cita o grande Aryadeva:

> Qualquer um que veja uma entidade verá todas as entidades. Qualquer que seja a vacuidade de um, será a vacuidade de todos.

11. Um vislumbre do mahamudra tântrico

Agora, o assunto é diferente. Discutiremos a meditação mahamudra pela perspectiva do tantra, do Tantrayana. O Panchen Lama diz em seu texto:

> O mahamudra tântrico é o mahamudra de Saraha, Nagarjuna, Naropa e Maitripa. Aí, a clara luz do grande êxtase é produzida a partir de meios hábeis, como penetrar os pontos vitais do próprio corpo vajra. É a quintessência dos mais altos ioga-tantras ensinados no *corpus* das obras essenciais dos grandes *siddhas*.

Desligamento da Agência de Turismo

Podemos dizer que temos dois tipos de mente: residente e turista. Todos os conceitos relativos são pontos de vista da mente turista, da mente do visitante. Segundo o tantra, a sabedoria da mente turista não basta para entendermos a não-dualidade; nós precisamos despertar nossa mente residente. É "residente" porque está sempre lá, passando de vida em vida, fluindo continuamente. Em tibetano, *nyugsem* significa "sempre presente" – nossa mente original, nossa mente fundamental, a mente de clara luz. Mas essa mente não tem chance de funcionar, nem chance de perceber a realidade universal, porque a mente turista, a mente convencional, a sobrecarrega.

Desse modo, a meditação tântrica do mahamudra é o método que usamos para manifestar a consciência residente, nossa consciência de clara luz, e transformá-la em sabedoria de êxtase transcendental. Para realizar isso, precisamos silenciar a mente turista.

A mente turista surge porque temos a agência de turismo. A agência acolhe os turistas, certo? A agência de turismo funciona pelos olhos, ouvidos e outros sentidos, dos pés à cabeça. A mente turista é energizada e reproduz continuamente superstições e confusão, como já discutimos. Para impedir o surgimento da mente turista, precisamos fechar a agência de turismo.

Os componentes do corpo

Como já citado, nosso corpo é uma combinação dos quatro elementos. Possuímos também uma rede de "canais" sutis que percorrem todo o corpo, inclusive os três principais canais: o direito, o esquerdo e o canal central. Além disso, existem as energias sutis de vento que fluem nos canais. Também temos vários *chacras* ao longo do canal central: na coroa, na testa, na garganta, no coração, no umbigo, além dos chacras inferiores. E temos a *kundalini* vermelha e branca.

Em geral, as energias eólicas que fluem por todos os canais energizam a negatividade, os vários pensamentos supersticiosos, porque nossos estados mentais estão conectados aos ventos. Temos um ditado: "A mente cavalga nos ventos".

Para ativar a mente residente, nossa mente de clara luz, precisamos impedir que os ventos fluam nos canais externos e fazer com que entrem e se estabilizem no canal central. Isso, naturalmente, impede que a mente turista, as delusões, funcionem.

No entanto, como alguns canais são amarrados em vários pontos ao longo do canal central – na coroa, na fronte e em outros locais – formando os chacras, os ventos e as mentes que os cavalgam não podem entrar. Nós é que precisamos abrir os chacras.

A mente residente atua na hora da morte

Esse processo acontece de modo natural na hora da morte. Primeiro, o nosso corpo grosseiro para de funcionar, em seguida os níveis mais sutis de energia física, os ventos, gradualmente se dissolvem no canal central. Depois de todas essas energias cessarem, a agência de turismo é fechada. De maneira natural, as superstições da mente turista também cessam porque as energias eólicas, das quais dependem, já se dissolveram.

Agora – *pam!* – a mente residente, a mente clara, que reside no chacra do coração no canal central, pode funcionar. Pelo fato de terem praticado, os grandes iogues e ioguines, agora, podem experimentar a realidade universal.

Iogues e ioguines alcançam as dissoluções em sua meditação

Porém, esses iogues não precisam esperar até que a morte chegue para vivenciar isso. Podem passar por esse processo de dissolução durante a meditação e despertar a mente residente. Com sua concentração comprovada, podem parar os níveis mais grosseiros da mente e os ventos associados, fazendo com que eles entrem no canal central e ali se estabilizem. A mente turista desaparece, e agora a mente residente, a mente da clara luz, pode se manifestar.

Pratique no contexto do ioga da deidade

Você precisa praticar tudo isso no contexto do ioga da deidade. Manifestar-se como uma deidade, um Buda, é uma parte muito importante da prática. De fato, o ioga da deidade é essencial. Primeiro, é claro, é preciso fazer as meditações preliminares, como discutimos: guru ioga, Vajrasattva, entre outros.

Uma maneira simples de fazer a prática é por intermédio da oração denominada *Guru ioga de seis sessões*, que nos comprometemos a fazer após recebermos uma iniciação do ioga tantra superior. No momento em que Guru Vajradhara desce pelo canal central, você visualiza o processo que acontece na morte, como acima, e depois se dissolve em vacuidade. Em seguida, apenas contemple em silêncio.

Neste ponto, você pode, se quiser, usar a abordagem do Sutra Mahamudra, conforme aconselhado por Sua Santidade, o Dalai Lama. Contemple a claridade da experiência de sua própria mente unificada com a sabedoria transcendental da clara luz de Guru Vajradhara. Esteja apenas ciente disso e se deixe ir, sem intelectualizar: "Ah, meu guru é isto ou aquilo".

Em seguida, manifeste-se em vacuidade como a divindade. Você pode visualizar-se como Vajradhara, Vajrasattva, Heruka, Tara ou Avalokiteshvara, ou qualquer outra divindade.

Meditação no fogo interior

Agora, você precisa fazer uma meditação técnica para abrir os chacras. Para os iniciantes, o fogo interno, ou *tumo*, é a melhor. Nessa meditação, você se concentra no chacra do umbigo. É possível usar os outros chacras, inclusive o chacra do coração, mas o chacra do umbigo é o melhor para trazer os ventos e a mente para o canal central, e é muito mais sensível à sabedoria crescente. Focar no chacra do umbigo faz com que as energias do vento sejam direcionadas para lá. Na verdade, qualquer que seja o chacra que você contemple, a energia automaticamente vai para lá.

Talvez você já esteja familiarizado com a meditação da sílaba-semente. Neste momento, como a divindade, respire uma luz branca de bem-aventurança, imaginando-a como pura energia proveniente do espaço, dos Budas, dos bodhisattvas. Depois, contraia os músculos inferiores e erga a energia de baixo – você pode visualizá-la na cor amarela. Focalizando o chacra do umbigo, pressione, prendendo a respiração, até que seja impossível aguentar mais. Então, expire.

Contemplar o chacra do umbigo dessa forma produz energia térmica, porque a *kundalini* vermelha, que é a fonte de calor do corpo, predomina no umbigo. Isso faz com que a *kundalini* branca flua do chacra da coroa, que energiza o êxtase. Mesmo que você espere só um pouquinho, pode ser *muito* poderoso. Quanto mais forte for a sua concentração no chacra do umbigo, mais forte a energia chega – naturalmente, toda a energia é atraída para o canal central. E quanto mais forte a energia, mais poderoso é o fluxo da *kundalini* feliz.

As escrituras dizem que você não precisa se preocupar com ao fato de a energia de êxtase da *kundalini* vir ou não, porque esta flui para baixo automaticamente. Por exemplo, se você colocar manteiga acima e fogo abaixo dela, automaticamente a manteiga derreterá. É natural. Agora, sua consciência fundamental sutil, sua consciência clara, experimenta a vacuidade, a não-dualidade, simultaneamente à explosão da felicidade. Esta é a união da experiência superior, eterna e feliz com a compreensão da grande vacuidade. Esta é a experiência tântrica de mahamudra.

Pratique o máximo possível

Agora você tem um entendimento do mahamudra tântrico – pelo menos um entendimento rudimentar. Se você já recebeu uma iniciação do ioga-tantra superior antes, está qualificado para praticar. Realize essas práticas o máximo de vezes possível.

Creio que esses ensinamentos já foram dados suficientemente. Isso é o que podemos fazer por agora.

Parte 3
Viver com mahamudra

12. Torne significativa a sua vida humana

Seja prático, aproveite a vida

Se durante esse tempo juntos você teve um vislumbre do mahamudra, mesmo que apenas uma experiência intelectual, isso já tem valor. É suficientemente bom. Na verdade, eu acho que é simples. Às vezes, penso que o modo como o budismo é apresentado faz tudo parecer muito difícil, ainda mais difícil que o samsara, e as pessoas ficam assustadas! A vida já é tão difícil, e agora isso! É apenas uma questão de praticar o máximo. Seja prático. Aproveite sua vida. Ao praticar o mahamudra, você cultiva a habilidade de desenvolver a claridade interior e de ir além do mundo, ao mesmo tempo em que dá continuidade à sua vida no mundo. Você pode tornar sua vida humana profunda; isso será maravilhoso.

O mahamudra é simples. Não é preciso acreditar em nada. O mahamudra não envolve nenhum ritual tibetano. Em sua própria casa, você simplesmente visita sua própria realidade, sua própria mente. Não é preciso acender incenso ou vela. De fato, para mim, o incenso é um inimigo! Prefiro o incenso ocidental: o perfume. Assim, não quero que você pense que o Lama Yeshe aparece e empurra a cultura tibetana para você. Espero nunca forçar nada.

O principal é ter atenção plena, límpida e clara de sua própria consciência. Isso é fascinante, é maravilhoso, suficientemente bom.

Use a sua mente de atenção plena

A função da atenção plena é ajudá-lo a estar ciente daquilo que acontece ao seu redor nas situações da vida. Não é preciso que você reaja o tempo todo. Como no exemplo das duas pessoas que caminham juntas, você precisa manter o foco. Perceba o que ocorre ao seu redor, mas não se distraia com isso. Você acabou de deixar ir. Você sabe o que está acontecendo, mas não conceitue como bom ou ruim. Não! Esteja apenas ciente.

Aprenda a mudar o seu relacionamento com tudo: comida, roupas, pessoas. Mude as projeções que vêm de sua mente convencional; a realidade de sua vida se manifesta a partir de sua consciência convencional.

Você deve aprender isso, praticar de novo e de novo. Uma só vez não é suficiente para levar alguém às mais altas realizações. É preciso praticar repetidamente, e assim essa visão se torna indestrutível.

Veja a vida como uma ilusão

Depois de desenvolver mais claridade, você não será absorvido pelos objetos externos. Você os vê, mas tem espaço para reconhecer que eles são a visão falsa de sua imaginação fantasiosa. Você pensa: "Ah, estou experimentando uma ilusão".

Então, não tendo conceitos tão pesados, você não cria um carma pesado. Veja todas as suas atividades como ilusórias, como sonhos. Traga a sua experiência de não-dualidade de sua meditação para a sua vida. Aprenda a reconhecer que tudo vem de seus conceitos.

Quando falamos de não-dualidade, há a conotação da experiência de ser onipresente, de abraçar toda a realidade universal. Perceba que o seu eu de não-dualidade abraça todos os seres vivos universais. Tente experimentar o que estiver acontecendo, sem muitos conceitos.

Durma em paz

À noite, quando for dormir, deite-se, torne o seu corpo relaxado e ponha a mente em um estado de claridade e ausência de identidade. Em seguida, durma em paz. Seu sono será muito mais claro – como se fosse meditação. Até o sonho pode se tornar profundo, um caminho para a iluminação.

Reflita sobre a vacuidade antes de adormecer. Às vezes, durante o sono, pode haver obstáculos físicos ou mentais, mas o Buda diz que meditar na vacuidade é uma grande proteção, e que, com isso, ninguém poderá prejudicá-lo.

Enquanto você dorme, é possível estar ciente do que está acontecendo no quarto; é quase como se você não tivesse certeza de estar acordado ou dormindo. Isso surge de uma meditação bem-sucedida. Eu acho que é natural, não algo especial. Isso comprova a beleza dos seres humanos, e que podemos fazer qualquer coisa: é simplesmente uma questão de decisão.

Depois, saia da vacuidade e dê seguimento à sua vida, fazendo o que precisa ser feito, todas as coisas convencionais.

Desfrute dos prazeres do mundo

Quando você pratica o tantra ioga ou qualquer outra forma de saber, pode desfrutar dos prazeres que experimenta, qualquer que seja sua fonte; você não precisa parar de ter prazer. Use-o para desenvolver paz interna, o êxtase interior. Isso lhe trará satisfação.

Acho que você já entende a diferença entre a gratificação sensorial e o prazer obtido com a meditação: muito mais satisfação! Mesmo inconscientemente, em algum nível você sabe.

Acredito que todo ser humano, em algum momento, experimenta a qualidade interior da paz, a qualidade interior da felicidade, a qualidade interior do amor. Nós *temos* esses tipos de experiências. Mas não os temos continuamente em nossa prática, e talvez não tenhamos integrado essas experiências em nossas vidas.

Não faça demandas ao mundo exterior

Quando você encontra sua própria claridade, fica mais tranquilo e satisfeito. Você não culpa, e não faz exigências ao mundo exterior, não exige prazer de outras pessoas. De fato, se o mundo externo não funcionar para você, que importância tem isso? De alguma forma, você não tem mais medo de não conseguir chocolate porque encontrou seu próprio chocolate interior. Dessa maneira, é possível liberar a sua mente.

A natureza desse estado de paz, o estado de claridade, é o amor. Não há espaço para a energia do ódio. O amor é suave, gentil, relaxado.

Claro, é difícil permanecer nesses estados, é preciso muita prática. É preciso habituar-se. Então, quando você está feliz, quando está satisfeito, passa boas vibrações aos outros. É muito prático.

Lembre-se do Dharma quando as coisas ficarem difíceis

O Dharma deve ajudá-lo quando as coisas ficarem difíceis. Quando os comunistas chineses nos expulsaram, o Dharma era a única coisa que me restava. E eu era grato. Dharma era minha comida, então. Quando chegamos aos campos de refugiados, a comida de verdade, o *dal* (prato indiano com lentilhas) e o arroz, eram um desastre! Só o cheiro daquilo me deixava nauseado! Não era nosso hábito comer lentilhas e tínhamos disenteria. A única coisa que ajudou foi o Dharma.

Eu tinha vinte e cinco anos de idade, e minha vida era cuidar de outras pessoas, primeiro meus pais e depois meus tios, no mosteiro. Eu não havia explorado nada sozinho. Por isso, foi importantíssimo para mim exilar-me e enfrentar a realidade no mundo maior pela primeira vez. Dharma era a única coisa que me restava, a única coisa que me ajudava a perseverar.

Não é que todos vocês virão a descobrir o mahamudra ou virão a se tornar grandes iogues e ioguines.

Mas quero que vocês sejam práticos. Na vida cotidiana, quando surgirem dificuldades, quando você estiver confuso, entre dentro de si mesmo por alguns minutos, toque sua própria claridade, sua própria experiência de não-dualidade; lembre-se do seu estado natural. Isto é extremamente importante.

Olhe para o céu

Às vezes é bom que, com intensa consciência, você simplesmente olhe para o céu azul. Não precisa *olhar* realmente; antes, experimente apenas o espaço, o infinito. Em seguida, você pode trazer essa experiência para a sua própria consciência.

Ou olhe para o sol da manhã, para um corpo de água, um lago; isso é excelente. Apenas assista, sem discriminação. Em seguida, feche os olhos e a claridade estará ali. Isso é suficientemente bom. Mantenha apenas a memória da claridade de sua própria consciência. Esta é uma forma direta e rápida de interromper os pensamentos confusos.

Leia um livro

O Dharma vai ajudá-lo, com certeza! Basta uma *pequena* experiência – não se preocupe com as altas realizações. Seja realista.

E não se esforce sem descanso. Se você não sentir vontade de meditar sentado na postura correta, medite deitado. Às vezes, isso pode ser bom.

Por outro lado, talvez você nem queira olhar para sua mente. Tudo bem. Pegue um livro do Dharma, leia algumas frases, quem sabe uma página. "Ah, eu nunca tinha pensado nisso antes." E toda vez que você ler as palavras, novas respostas virão.

Lembre-se, o próprio Buda disse: "No futuro, quando eu morrer, não se preocupe, vou me manifestar como escritura, como filosofia".

Converse com seus irmãos e irmãs do Dharma

Às vezes, é bom se reunir com seus irmãos e irmãs do Dharma, relaxar e conversar. Eu fazia isso no mosteiro. Todas as noites, após os ensinamentos sobre mahamudra, eu encontrava meus dois irmãos do Dharma. Acendíamos o fogão a lenha, tomávamos rapidamente uma xícara de chá e depois repassávamos todo o ensinamento, repetindo a matéria do dia que ouvíramos de nosso lama. Cada um de nós repetia os tópicos dados, de trás para a frente, e depois debatíamos sobre aquilo o máximo possível para deixar claro em nossas mentes. Em seguida, cada um de nós ia para o próprio canto e repassava tudo aquilo em meditação. Era essa a nossa rotina. Eu gostava muito de tudo.

Você pode fazer o mesmo. Ou talvez você e seus amigos possam se reunir por apenas dez minutos de meditação. Isso vai ajudá-los a relaxar. Esta é a beleza do samadhi.

Ou, quando se sentir desconfortável, ligue para o seu amigo. "Ei, o que você está fazendo? Venha aqui tomar um café!" E vocês poderão conversar e relaxar. Nós, seres humanos, temos uns aos outros; nós podemos dar sabedoria uns aos outros.

Seja harmonioso

É bom que, tanto quanto possível, vocês estejam em harmonia uns com os outros, unidos. Pessoalmente, acho que nunca devemos criticar um ao outro. Um dos melhores conselhos de Buda é nunca julgar os outros.

Julgar é muito perigoso! Shantideva diz que estar zangado com um bodhisattva é um carma incrivelmente pesado. Como podemos saber se alguém é um bodhisattva? Quem sabe?

Bem aqui, nesta sala, algum bodhisattva pode estar ouvindo minhas palavras sem valor. É possível!

Entre seus irmãos e irmãs do Dharma, em suas organizações do Dharma ou em qualquer outra organização ou grupo, é melhor controlar as palavras. As palavras podem ser inconsistentes, pois são produto de conceitos dualistas.

Sempre que for possível ajudarem-se mutuamente, façam isso. Mas, se não lhe for possível, mantenham-se em silêncio. O silêncio é o melhor. De qualquer forma, julgar os outros é uma perda de tempo! Já temos bastante responsabilidade ao cuidarmos do nosso próprio mundo. E isso não ajuda; não é lógico. Certamente, se for para ajudar o mundo, sim, critiquem, protestem: façam isso pelos outros. Mas se não for para ajudar, mantenham-se em silêncio. Esta é a minha filosofia.

E assim você aproveitará sua vida.

Organize um retiro

É bom organizar um retiro de mahamudra: uma semana, dez dias, o que você puder gerenciar. Siga o exemplo de Milarepa! Milarepa passou anos em retiro, sozinho no Himalaia, vivendo como um canguru. Tudo o que ele comia era grama. Não conseguiríamos viver assim nem por uma semana, mas, de fato, isso não é necessário. Podemos comer *müsli* enriquecido; esqueça a grama!

Algumas pessoas dizem que é egoísmo fazer retiros. Que atitude errada!

Ajude os outros

De qualquer modo, ser budista não significa que você precisa sair em retiro para meditar. Quando sua mente não estiver transparente e clara, então faça um retiro. Se sua mente estiver boa, você poderá ajudar outras pessoas e servir aos outros.

Você pode ajudar outras pessoas com meditação, relaxamento – pessoas ligadas aos negócios, trabalhadores. Ajude-os a saber como trabalhar sem agressão, sem perturbar os outros.

Você pode explicar como a mente funciona; não é necessário fornecer toda uma sofisticada filosofia. Simplifique as coisas para adaptá-las à sociedade. O budismo tem vários métodos, muitas formas de ajudar diversos tipos de pessoas em diferentes contextos.

Você precisa tocar as pessoas, magnetizar suas mentes. Mas não pode forçar o Dharma: "Aqui está o mahamudra. Eu vou tocar sua mente! Estude este *lam-rim*!" As pessoas vão surtar! Mas se lhes mostrarmos alguma meditação simples, o efeito pode ser profundo.

Desistir de outras práticas?

Algumas pessoas dizem que o mahamudra é tão especial que não é necessário fazer outras práticas. Elas pensam: "Ótimo! Agora não preciso colocar o meu corpo limpo em um tapete sujo para fazer prostrações!". Bom, se você pode meditar em mahamudra vinte e quatro horas por dia, se você pode sustentar um estado de felicidade, será excelente! Então você está certo. Mas quem consegue fazer isso?

Precisamos praticar Vajrasattva, lembre-se, para subjugar os delírios, para eliminar obstáculos. E devemos desenvolver compaixão. Isso levará ao mahamudra. As práticas preliminares são necessárias para realizar a vacuidade.

Não podemos ser arrogantes, dizendo: "Agora que recebi mahamudra, não preciso fazer essas outras práticas".

Tenha cuidado. Pense nisso.

Nós nos veremos novamente

Poderíamos conversar sobre este assunto por toda a vida, mas acho que, para o momento, já é suficiente. Tive a sorte de conhecer todos vocês e me diverti bastante. Agradeço aos mediadores e aos organizadores por todo este grande trabalho, em especial aos pais de Ian, que doaram tanto amor a este retiro. Vamos dedicar o mérito desses ensinamentos ao bem-estar de todos.

Uma última coisa. Não se satisfaça apenas com o que falei aqui. Desenvolva sua prática continuamente, vá cada vez mais alto. Esta é uma jornada de longo prazo. Continue a buscar mais ensinamentos, estudos, pesquisas e práticas.

Estou muito feliz. Vocês largaram tudo e vieram até este lugar. O seu coração está no Dharma. O que vocês fizeram aqui é significativo: vocês estão realmente trazendo o Dharma para o mundo ocidental. Por isso, agradeço do fundo do meu coração.

Quando tiverem dificuldades e se surgirem dúvidas, escrevam para mim. Eu sou o responsável! Quero trabalhar em estreita colaboração com vocês. O mundo ficou tão pequeno agora – não vou fugir de vocês. E nós nos veremos novamente.

Parte 4
O texto-raiz

༄༅། །དགེ་ལྡན་བཀའ་བརྒྱུད་རིན་པོ་ཆེའི་ཕྱག་ཆེན་རྩ་བ་རྒྱལ་བའི་གཞུང་ལམ་ཞེས་བྱ་བ་བཞུགས་སོ།།

།ན་མོ་མཧཱ་མུ་དྲ་ཡ།
ཀུན་ཁྱབ་ཀུན་གི་རང་བཞིན་ཕྱག་རྒྱ་ཆེ།།
དབྱེར་མེད་བརྗོད་བྲལ་སེམས་ཀི་ར་རེའི་དབྱིངས།།
རིན་པར་སྟོན་མཛད་ཁྱབ་བདག་སྐྱབ་པའི་རེ།།
ཟླ་མེད་བླ་མའི་ཞབས་ལ་གུས་པས་འདུད།།

O principal caminho dos conquistadores

O Texto-raiz do Mahamudra da Preciosa Tradição Oral Genden

do Primeiro Panchen Lama,
Losang Chokyu Gyaltsen

[Homenagem e Promessa de composição]

Namo mahamudraya. Homenagem ao
mahamudra, a natureza em tudo onipresente!

Eu me curvo com respeito aos pés
do incomparável guru,
o senhor dos *siddhas* que ensina o puro
e simples estado da realidade,
a esfera indivisível e inexprimível
da mente vajra.

མདོ་རྒྱུད་མན་ངག་རྒྱ་མཚོའི་བཅུད་བསྡུས་ནས།།
ལེགས་པར་འདོམས་མཛད་དགེ་ལྡན་བཀའ་བརྒྱུད་པ།།
གྲུབ་མཆོག་དྷརྨ་བཛྲ་ཡབ་སྲས་ཀྱི།།
བཀའ་སྲོལ་ཕྱག་རྒྱ་ཆེན་པོའི་གདམས་པ་ཁྲི།།

འདི་ལ་སྦྱོར་དངོས་མཇུག་གསུམ་ལས།།

དང་པོ་བསམ་དང་ཐེག་ཆེན་ལ།།
འཇུག་པའི་སོ་དང་གཞུང་ཤིང་ཕྱིར།།
ཁ་ཙམ་ཚིག་ཙམ་མ་ཡིན་པའི།།
སྐྱབས་འགྲོ་སེམས་བསྐྱེད་ནན་ཏན་བྱ།།

སེམས་ཀྱི་ཆོས་ཉིད་མཐོང་བ་ཡང་།།
ཚོགས་བསགས་སྒྲིབ་སྦྱངས་ལ་བརྟོས་པས།།
ཡིག་བརྒྱ་འབུམ་ཙམ་ལྡུང་བཤགས་ནི།།
བརྒྱ་ཕྱག་གང་མང་སོན་བཏང་ནས།།
དུས་གསུམ་སངས་རྒྱས་ཐམས་ཅད་དང་།།
དབྱེར་མེད་རྩ་བའི་བླ་མ་ལ།།
སིང་ནས་གསོལ་འདེབས་ཡང་ཡང་བྱ།།

Tendo condensado a essência do oceano
de conselhos sútricos e tântricos,
Escreverei as instruções da tradição oral
de Genden do mahamudra
do supremo *siddha* Dharmavajra e de seus
seguidores, que dão instruções perfeitas.

Este texto tem três partes: preparação, prática real e conclusão.

1. Preparação

Primeiro, busque sinceramente refúgio e gere a bodhicitta. Visto que estes são o portal e o pilar central dos ensinamentos e, em particular, do Mahayana, não deve consistir em meras palavras. Porque ver a realidade da mente depende de acumular mérito e purificar a negatividade. Recite primeiro o mantra de cem sílabas pelo menos cem mil vezes, e faça o máximo de centenas de prostrações possíveis enquanto recita a *Confissão de quedas*.

Do fundo do coração, faça repetidas solicitações ao seu guru-raiz que é inseparável de todos os Budas dos três tempos.

དངོས་གཞི་ཕྱག་རྒྱ་ཆེན་པོ་ལ།
།བཤད་ཚུལ་མང་དུ་འདུག་ན་ཡང་། །མདོ་སྔགས་དབྱེ་བས་གཉིས་སུ་ཡོད།
།ཕྱི་མ་རྗེ་རེའི་ལུས་ཉིད་ལ། །གནད་དུ་བསྣུན་སོགས་ཐབས་མཁས་ལས།

།བྱུང་བའི་བདེ་ཆེན་འོད་གསལ་ཏེ། །ས་ར་ཧ་དང་ཀླུ་སྒྲུབ་ཞབས།
།ནཱ་རོ་མི་ཏྲིའི་ཕྱག་ཆེན་ཏེ། །གྲུབ་སེང་སོར་ནས་བསན་པ་ཡི།
།བླ་མེད་རྒྱུད་སེའི་ཡང་སེང་ཡིན།

།སོན་མ་རྒྱས་འབྲིང་བསྡུས་གསུམ་གིས། །དངོས་བསན་སོང་ཉིད་བསམ་ཚུལ་ཏེ།
།འདི་ལས་གཞན་པའི་ཐར་པའི་ལམ། །མེད་ཅེས་འཕགས་མཆོག་ཀླུ་སྒྲུབ་གསུངས།
།འདིར་ནི་དེ་ཡི་དགོངས་པ་བཞིན། །ཕྱག་རྒྱ་ཆེན་པོའི་ཁྲིད་ཐོག་སེ།
།སེམས་ཀྱི་ངོ་སྤྲོད་བྱེད་པའི་ཚུལ། །རྒྱུད་ལྡན་བླ་མའི་གསུང་བཞིན་བརྗོད།

།ལྷན་ཅིག་སྐྱེས་སྦྱོར་གཙོ་མ། །ལྷ་ལྡན་རོ་སོམས་ཡི་གེ་བཞི།
།ཞི་བྱེད་གཅོད་ཡུལ་རགས་ཆེན་དང་། །དབུ་མའི་ལ་ཁྲིད་ལ་སོགས་པ།
།སོ་སོར་མིང་འདོགས་མང་ན་ཡང་། །ངེས་དོན་ལུང་རིགས་ལ་མཁས་ཤིང་།
།ཉམས་མྱོང་ཅན་གྱི་རྣལ་འབྱོར་པས། །དཔྱད་ན་དགོངས་པ་གཅིག་ཏུ་འབབ།

2. A prática propriamente dita

Há muitas maneiras de explicar o mahamudra, e essas maneiras se enquadram em duas categorias: o sutra e o tantra.

O mahamudra tântrico é o mahamudra de Saraha, Nagarjuna, Naropa e Maitripa. Aí, a luz clara do grande êxtase é produzida a partir de meios hábeis, como penetrar os pontos vitais do próprio corpo vajra. É a quintessência dos mais altos ioga-tantras ensinados no *corpus* das obras essenciais dos grandes *siddhas*.

O sutra mahamudra é a maneira de meditar na vacuidade ensinada explicitamente nos sutras extensos, médios e condensados da Perfeição da Sabedoria. Nagarjuna, o arya supremo, declarou que não há outro caminho para a liberação além deste.

Aqui, farei um comentário de acordo com a intenção de Nagarjuna e mostrarei como se iniciar na natureza da mente de acordo com as declarações dos gurus da linhagem.

[*Técnica segundo os Sutras*]

Embora chamado por muitos nomes – união inata, caixa de amuletos, sabor quíntuplo e igual, quatro sílabas, pacificação, isolamento, grande perfeição, conselhos sobre a visão intermediária etc. –, quando um iogue hábil nas escrituras e na lógica do significado definitivo, e que tem experiência, analisa, tudo converge em uma única intenção.

།དེས་ན་འདི་ལ་ལ་ཐོག་ནས། །སོམ་པ་འཆོལ་དང་སོམ་ཐོག་ནས།
།ལ་བ་འཆོལ་བའི་ལུགས་གཉིས་ལས། །འདིར་ནི་ཕྱི་མའི་ལུགས་བཞིན་ཡིན།

།བསམ་གཏན་བདེ་བའི་སེགས་བུ་ལ། །ལུས་གནད་བདུན་དང་ལྡན་བྱས་ལ།
།རླང་རོ་དགུ་ཤུགས་དག་ཏུ་བསལ། །རིག་པ་དྭངས་སིགས་ལེགས་པར་ཕྱེ།
།རྣམ་དག་དགེ་བའི་སེམས་ལྡན་པས། སྐྱབས་འགྲོ་སེམས་བསྐྱེད་སོན་དུ་བཏང་།

ཟབ་ལམ་བླ་མའི་རྣལ་འབྱོར་བསོམ།།
ཤུགས་དྲག་གསོལ་འདེབས་བརྒྱ་རྩ་སོགས།།
བྱས་ནས་བླ་མ་རང་ལ་བསིམ།།

།སྣང་བ་བན་བུན་དང་དེ་ལ། །རེ་དོགས་ལ་སོགས་རྣམ་རོག་གིས།
།བཅས་བཅོས་གང་ཡང་མི་བྱེད་པ། གཡོ་མེད་ཙུང་ཟད་མཉམ་པར་ཞོག
།བརྒྱལ་དང་གཉིད་ལོགས་ལ་བུ་ཡི། །ཡིད་བྱེད་བཀག་པ་མ་ཡིན་པ།
།མ་ཡེངས་དྲན་པའི་རྒྱང་སོ་ཚུགས། །འགྲུ་བ་རིག་པའི་ཤེས་བཞིན་སོགས།
།རིག་ཅིང་གསལ་བའི་ངོ་བོ་ལ། །ཉིམ་གི་བསྒྲིམས་ལ་གཅེར་གིས་ལོས།

[*Buscar a visão após a meditação da quietude mental*]

Entre as duas abordagens de (1) buscar a meditação da quietude mental com base na visão e (2) procurar a visão com base na meditação de quietude mental, a explicação aqui segue a segunda abordagem.

[*Sentado, meditação na respiração de nove ciclos, refúgio e bodhicitta*]

Em um assento adequado à absorção, adote os sete elementos essenciais da postura física e proceda à limpeza dos canais com a meditação da respiração em nove ciclos. No começo, com atenção plena e lúcida, libere por completo todas as impurezas e, com uma mente pura e virtuosa, busque refúgio e gere bodhicitta.

Guru Ioga

Medite no caminho profundo do guru ioga e, depois de fazer centenas de fervorosas súplicas e assim por diante, dissolva o guru em si mesmo.

Reconhecimento da natureza convencional da mente

Nesse estado em que você é inseparável de seu guru, não permita que sua mente conceitual tenha receios ou expectativas, e faça com que sua mente entre em equilíbrio sem a menor distração. Esta não é a cessação de atividade mental como quando alguém desmaia ou adormece.

Comece a observar sem distração, e, com atenção plena, mantenha sua mente atenta a todo e qualquer movimento.

།རྣམ་རྟོག་གང་དང་གང་སྐྱེས་པ། །དེ་དང་དེ་ཉིད་ངོས་ཟིན་བྱ།
།ཡང་ན་རལ་བསྒོར་མཁན་བཞིན་དུ། །རྣམ་རྟོག་ཅི་སྐྱེས་རྦད་རྦད་གཙོད།
།བཅད་མཐར་གནས་པ་དེ་ཡི་ཚེ། །དྲན་པ་མ་ཤོར་སྐྱོང་གིས་སོད།

ཉམ་གིས་བསྒོམས་ལ་སྐྱོང་གིས་གད།། སེམས་གི་འཛོག་ས་དེ་ན་གདའ།།
།ཞེས་དང་གཞན་ཡང་ཇི་སྐད་དུ།

འཇུར་བུས་བཅིང་པའི་སེམས་ཉིད་ནི།།
གད་ན་གོལ་བར་ཐེ་ཚོམ་མེད།།

།ཅེས་གསུངས་པ་ལར་མ་ཡེངས་སོད།

།རྣམ་རྟོག་གང་སྐྱེས་ངོ་བོ་ལ། །བལས་ཚེ་རང་ཡལ་སོང་སང་འཆར།
།དེ་བཞིན་གནས་ཚེའང་བརགས་པ་ན། །མ་སྒྲིབ་སོང་གསལ་ཧྲིག་གེ་བ།
།ཐོང་བ་གནས་འགྱུ་འདྲེས་པ་ཞེས། །གགས་ཤིང་རྣམ་རྟོག་ཅི་སྐྱེས་ཀང་།
།མི་འགོག་འགྱུ་བ་ངོས་ཟིན་པར། །བུས་ཏེ་དེ་ཡི་ངོ་བོ་ལ།
།འཛོག་པ་རིངས་ཀི་བུ་བཙོན་ནི།

Firme-se e veja, a olho nu, a natureza daquilo que é claro e conhecedor. Identifique todos os pensamentos conceituais que surgirem. Sobretudo, como um espadachim em um duelo, se esforce para cortar quaisquer pensamentos conceituais que surgirem.

Quando terminar de cortá-los, descanse sua mente e, sem perder a atenção plena, solte-se em um relaxamento.

Como é dito:

> Contraia-se, permaneça tenso, relaxe em seguida e, então, coloque a mente.

E:

> Quando se solta a mente que esteve presa em um emaranhado, sem dúvida, isso a libertará.

De acordo com essas declarações, relaxe sem se distrair.

À medida que você olha para a natureza de quaisquer pensamentos conceituais que surjam, eles desaparecem por si mesmos e desponta uma vacuidade. Da mesma forma, se você investiga quando a mente está imóvel, uma claridade de vacuidade não obstrutiva torna-se vívida. A isso se chama "perceber que a quietude e o movimento estão integrados".

Reconheça como movimento da mente quaisquer pensamentos conceituais que forem gerados, e, sem bloqueá-los, concentre-se em sua natureza.

།འཕྱུར་བའི་དཔེ་དང་མཚུངས་པ་ཡིན། །ཇི་ལར་གཟིངས་ནས་འཕྱུར་བའི་བྱ་རོག་ནི།
།ཕྱོགས་རྣམས་བསར་ནས་སླར་ཡང་དེར་འབབ་བཞིན།
།ཞེས་པ་ཇི་བཞིན་བསྒྲུངས་པ་ལས། །མཉམ་གཞག་ངོ་བོ་གང་གིས་ཀང་།
།མ་སྒྲིབས་དྭངས་ཤིང་གསལ་བ་དང་། །གཟུགས་ཅན་གང་དུའང་མ་གྲུབ་པས།
།སོང་སང་ནམ་མཁའ་ལ་བུ་དང་། །ཅི་ཡང་འཆར་བས་ཧིག་གེ་བ།

།དེ་ལར་སེམས་ཀི་ཆོས་ཉིད་ནི། །མངོས་སུམ་ལྷག་གིས་མཐོང་མོད་ཀང་།
།འདི་ཞེས་གཟུང་ཞིང་བསན་དུ་མེད། །གང་ཤར་འཛིན་མེད་ལྷུག་པར་འཇོག
།འདི་ནི་སངས་རྒྱས་སྒྲར་བཅངས་སུ། །གཏོད་པའི་གདམས་ངག་ཡིན་ནོ་ཞེས།
།དེང་སང་གངས་རིའི་སོམ་ཆེན་པ། །ཕལ་ཆེར་དགོངས་པ་གཅིག་གིས་སྒྲོག
།དེ་ལར་མོད་ཀི་ཚུལ་འདི་ནི། །དང་པོ་ལས་ཅན་སེམས་གནས་པ།
།བསྒྲུབ་པའི་ནྲད་བྱུང་ཐབས་མཁས་དང་། །སེམས་ཀི་ཀུན་རོབ་ངོ་སྤོད་ཚུལ།
།ཡིན་ཞེས་ཆོས་ཀི་རྒྱལ་མཚན་སྨྲ།

།དེ་ནི་སེམས་ཀི་ཆོས་ཉིད་ལ། །ངོ་སྤོད་ཇི་ལར་བྱ་བའི་ཚུལ།
།སངས་རྒྱས་རྣམས་ཀི་ཡེ་ཤེས་ཀུན། །ཅུར་སྒྲིག་འཛིན་པའི་ཚུལ་བཟུང་ནས།
།བདག་བློ་རྨོངས་པའི་མུན་སེལ་བའི། །རྩ་བའི་བླ་མའི་ཞལ་གདམས་དགོད།
།སར་གི་མཉམ་གཞག་ངང་ཉིད་ལས། །མི་གཡོས་དྭངས་བའི་ཆུ་ནང་དུ།
།ཇི་ལར་ཉེའུ་ཆུང་འཕྱུག་པ་ལར། །ཕྲ་མོའི་ཤེས་པས་སམ་པ་པོའི།
།སྨྲེས་བུའི་རང་བཞིན་མཛངས་པར་བརག །

Isso é semelhante ao exemplo do pássaro que voa de um barco. É dito: "Como o corvo que voa de um barco e, depois de circundá-lo, pousa novamente no mesmo lugar".

Tendo praticado dessa maneira, a natureza de qualquer equilíbrio é um espaço de vacuidade, que, não sendo obstrutivo, é lúcido, claro e desembaraçado de qualquer coisa material. Também é vívido, já que qualquer coisa pode aparecer.

Essa realidade da mente é, de fato, percebida diretamente pela visão compenetrada, mas não pode ser indicada, compreendida ou denominada "isso".

Hoje em dia, a maioria dos grandes meditadores da Terra das Neves concorda que colocar a mente de maneira relaxada em qualquer que seja o entendimento, sem aferramento, é conhecido como "instrução que desperta a budeidade".

Eu, Chokyi Gyaltsen, digo que, para iniciantes, esse é um método surpreendentemente hábil que estabelece a quietude mental, e uma forma de atrair a mente convencional.

[*Reconhecimento da realidade final da mente*]

Quanto à maneira de introduzir a realidade da mente, registrarei a instrução oral de meu guru-raiz. Meu guru-raiz é a sabedoria imaculada de todos os Budas, que assumiu o aspecto de um monge vestido de açafrão e que removeu a escuridão de minha mente confusa. A partir desse próprio estado de equilíbrio inicial, investigue inteligentemente, com sutil consciência, a essência do indivíduo que está meditando, como um pequeno peixe que se move em águas translúcidas sem causar qualquer perturbação.

།འཕགས་པ་ཀླུ་སྒྲུབ་སྒྲོབ་ཉིད་ཀྱིས།

སྐྱེས་བུ་ས་མིན་ཆུ་མ་ཡིན། །མེ་མིན་རླུང་མིན་ནམ་མཁའ་མིན།
།རྣམ་ཤེས་མ་ཡིན་ཀུན་མིན་ན། །དེ་ལས་གཞན་ན་སྐྱེས་བུ་གང་།

།སྐྱེས་བུ་ཁམས་དྲུག་འདུས་པའི་ཕྱིར། །ཡང་དག་མ་ཡིན་ཇི་ལ་བར།
།དེ་བཞིན་ཁམས་རེ་རེ་ཡང་། །འདུས་ཕྱིར་ཡང་དག་ཉིད་དུ་མིན།

།གསུངས་པ་ཇི་བཞིན་བཙལ་བ་ན།

།མཉམ་གཞག་མཉམ་པར་འཇོག་མཁན་སོགས། །རྩལ་ལྡན་ཙམ་ཡང་མ་རེད་པ། །དེ་ ཚེ་གཡེང་
མེད་རྩེ་གཅིག་ཏུ། །ནམ་མཁའ་ལ་བུའི་མཉམ་གཞག་སྐྱོང་།

།ཡང་ན་མཉམ་པར་བཞག་པའི་ངང་། །གཟུགས་སུ་མ་གྲུབ་སོང་སང་ངེ་།
།སྒྲིབ་མེད་སྣ་ཚོགས་འཆར་ཞིང་འགྲོ། །འགག་མེད་གསལ་ཞིང་རིག་པའི་རྒྱན།
།ཆད་པ་མེད་པར་འཇུག་པའི་སེམས། །ཡོས་མེད་སྣང་ཞིང་འཛིན་པ་ཡི།
།ཞེན་ཡུལ་མགོན་པོ་ཞི་བ་ལྷས།

རྩོད་དང་ཚོགས་ཞེས་བྱ་བ་ནི།།
འཕྲེང་བ་དམག་སོགས་བཞིན་དུ་བསྟན།།

O próprio Arya Nagarjuna declarou em *A guirlanda preciosa* (1.80–81):

> O indivíduo não é terra, não é água; não é fogo,
> não é vento, não é espaço;
> não é a atenção plena e não é tudo isso junto.
> No entanto, que indivíduo há além desses?
>
> Assim como o indivíduo não é real
> porque é composto de seis elementos, da mesma forma os elementos em si não são reais porque são compostos.

Quando, tendo investigado de acordo com esta afirmação, você não encontra nem um átomo de equilíbrio e nem o praticante que entra em equilíbrio, sustenta um equilíbrio semelhante ao espaço, unifocado, sem distrações.

Acima de tudo, a partir do estado de equilíbrio, vários objetos aparecem e se proliferam nessa vacuidade não obstrutiva que não se estabelece como material, forma. Reconheça esse contínuo não obstrutivo, a mente que se envolve continuamente, como clara e conhecedora. A mente que concebe parece não confiar em mais nada e, quanto aos objetos que apreende, o protetor Shantideva declarou no *Guia para o modo de vida do bodhisattva* (8.101):

> O que é chamado *contínuo* ou *coleção*
> é falso, do mesmo modo que um mala,
> um exército e assim por diante.

ཞེས་གསུངས་ལུང་དང་རིགས་པ་ཡིས།།
སྣང་ཚུལ་ལར་དུ་མ་གྲུབ་པའི།།
ངང་དུ་རྟེ་གཅིག་མཉམ་པར་གཞོག།

།མདོར་ན་བདག་གི་དགེ་བའི་བཤེས། །དོན་དང་མཐུན་པའི་ཐམས་ཅད་མཁྱེན།
།སངས་རྒྱས་ཡེ་ཤེས་ཞལ་ས་ནས།
གང་ཤར་རྣམ་རྟོག་འཛིན་པར་ཡོངས་རིག་ན།།
དོན་དམ་ཆོས་དབྱིངས་གཞན་ལ་ལོས་མེད་འཆར།།
ཤར་བའི་ངང་དུ་རིག་པ་ཞུགས་པ་ལ།།
རྟེ་གཅིག་མཉམ་པར་འཛོག་པ་ཨེ་མ་ཧོ།།

ཞེས་གསུངས་དེ་བཞིན་དམ་པས་ཀང་།།

སོང་པའི་ངང་དུ་རིག་པའི་མདུང་བསོར་བྱ།།
ལ་བ་ལ་ཐོགས་ཐུག་མེད་དོ་དེང་རི་བ།།

ཞེས་སོགས་དགོངས་པ་གཅིག་ཏུ་གནས།

།རེས་ནི་ཕྱག་ཆེན་བསོམས་པ་ལས། །བྱུང་བའི་རྣམ་དཀར་ཅི་མཆིས་པ།
།དུས་གསུམ་དགེ་ཚོགས་རྒྱ་མཚོར་བཅས། །བླ་མེད་བྱང་ཆུབ་ཆེན་པོར་བསོ།

Confiando nas escrituras e na lógica, entre no equilíbrio unifocado do estado em que as coisas não existem da maneira como aparecem.

Em resumo, como disse meu mestre espiritual, Sangye Yeshe, que entendeu tudo de acordo com a realidade:

> Quando você entender completamente que tudo o que surge em sua mente é apreendido de maneira conceitual, a esfera da realidade última surgirá sem que você precise contar com nada mais. Depois de colocar a mente no conhecimento desse surgimento, habite ali em equilíbrio unidirecionado. Que maravilha!

De maneira similar a essa declaração, Phadampa Sangye também declarou:

> Povo de Dingri, faça a lança da consciência girar dentro do estado vazio. A visão é desimpedida e desobstruída.

Essas instruções convergem no mesmo ponto.

3. Conclusão

Dedicação

Na sequência, dedique quaisquer raízes da virtude que sejam positivas e que tenham sido criadas pela meditação no mahamudra, juntamente com o oceano de sua virtude coletada no passado, presente e futuro, em direção a uma grande e insuperável iluminação.

།དེ་ལར་གོམས་ནས་ཚོགས་དྲུག་གི །ཡུལ་དུ་སྣང་བ་ཅི་ཤར་ཡང་།
།སྣང་ཚུལ་ཞིབ་མོར་རོགས་ཞིག་དང་། །གནས་ཚུལ་རེན་པར་ལྷང་གིས་འཆར།
།གང་ཤར་ངོས་འཛིན་ལ་བུའི་གནད། །མདོར་ན་རང་སེམས་ལ་སོགས་པ།
།གང་གང་སྣང་བའི་དོན་དེར་ནི། །མ་འཛིན་དེ་དེའི་གནས་ཚུལ་དེ།
།ངེས་པར་གིས་ལ་རག་ཏུ་སྐྱོངས།

།འདི་ལར་ཤེས་ནས་འཁོར་འདས་ཀྱི། །ཆོས་ཀུན་རང་བཞིན་གཅིག་ཏུ་སྒྲོར།
།དེ་སད་དུ་ཡང་འཕགས་པ་ལྷས།
།དངོས་པོ་གཅིག་གི་ལ་པོ་གང་།།
དེ་ནི་ཀུན་གི་ལ་པོར་བཤད།།
གཅིག་གི་སང་ཉིད་གང་ཡིན་པ།།
དེ་ནི་ཀུན་གི་སོང་ཉིད་ཡིན།།

།ཞེས་གསུངས་དེ་ལར་ཆོས་ཉིད་ལ། །ཚུལ་བཞིན་མཉམ་པར་བཞག་པའི་ངོར།
།ཡོད་མེད་ལ་སོགས་འཁོར་འདས་ཀྱི། །སྤྲོས་པའི་མཐའ་དང་བྲལ་མོད་ཀྱི།
།དེ་ལས་ལངས་ནས་བརག་པའི་ཚེ། །མིང་རྐྱང་བཏགས་ཡོད་ཙམ་ཞིག་གི
།བྱ་བྱེད་རེན་འབྲེལ་བསོན་མེད་པར། །རྨི་ལམ་སིག་རྒྱུ་ཆུ་ཟླ་དང་།
།སྒྱུ་མ་ལ་བུར་ངང་གིས་འཆར། །སྣང་བས་སོང་པ་མ་སྒྲིབ་ཅིང་།
།སོང་པས་སྣང་བ་མི་འགོག་པ། །སང་དང་རེན་འབྱུང་དོན་གཅིག་པའི།
།ལམ་བཟང་དེ་ཚེ་མངོན་སུམ་འགྱུར། །དེ་སད་སྨྲ་བ་མང་ཐོས་སྦྱོང་བ་པ།
།བློ་བཟང་ཆོས་ཀི་རྒྱལ་མཚན་ཞེས་བྱ་སེ། དགེ་བས་འགྲོ་ཀུན་ཞི་སོ་གཉིས་པ་དང་།
།བྲལ་བའི་ལམ་འདིས་མྱུར་དུ་རྒྱལ་གྱུར་ཅིག

Tendo cultivado assim a sua mente, sempre que você investigar em detalhe como qualquer objeto dos seis tipos de consciência aparece, o modo como esse objeto existe surgirá sem disfarce e vividamente. Reconheça o que quer que surja em sua mente.

Resumindo, não se apegue à existência inerente de quaisquer objetos que apareçam – como a sua mente e assim por diante – e sustente sempre, com certeza, o modo como existem. Com esse entendimento, todos os fenômenos do samsara e do nirvana estarão unidos em uma única essência. Aryadeva confirma isso explicando que (*Quatrocentos Versos* 8.16):

> Qualquer um que veja uma entidade verá
> todas as entidades.
> Qualquer que seja a vacuidade de um será
> a vacuidade de todos.

A mente que está devidamente colocada em equilíbrio na realidade está, de fato, completamente livre de elaborações com relação ao samsara e ao nirvana, como a existência, a inexistência e assim por diante.

Depois que você se erguer desse equilíbrio, e quando investigar, verá que, embora agentes, ações e originações dependentes existam apenas por intermédio da imputação de um nome, eles ainda inegavelmente aparecem como um sonho, uma distorção visual, um reflexo da lua na água, uma miragem.

Quando para você as aparências não obscurecem a vacuidade, e a vacuidade não obscurece as aparências, o nobre caminho da vacuidade e da originação dependente se manifestará com o mesmo significado.

ཅེས་ཕྱག་རྒྱ་ཆེན་པོའི་ངོ་སྤྲོད་བྱེད་ཚུལ་འདི་ཡང་།

འདི་ནང་གི་ཆོས་བརྒྱུད་སྨིན་པའི་ ཞྙིས་གར་ལར་མཐོང་ནས།

དབེན་པའི་རི་ཤུལ་དུ་དྲང་སྲོང་གི་སྤྱོད་ཚུལ་གིས་འདུག

ནས། ।ལམ་འདི་ལ་ཉམས་ལེན་སིང་པོར་བྱེད་པ་གནས་བཅུ་རབ་འབྱམས་པ་དགེ་འདུན་རྒྱལ་མཚན་དང་ཏམ་ཚོང་དཀའ་བཅུ་པ་ཤེས་རབ་སེང་གེ་གཉིས་ཀིས་ས་ མོ་ནས་ཡང་ཡང་བསླབ་ཞིང་།གཞན་ཡང་ངེས་དོན་ཕྱག་ཆེན་གི་ཉམས་ལེན་ བྱེད་པར་འདོད་པའི་རང་གི་སློབ་མ་མང་པོས་བསླབ་བ་དང་། ཁྱད་པར་རི་ཁྲུབ་ བའི་དབང་ཕྱུག་ཐམས་ཅད་མཁྱེན་པ་རྒྱལ་བ་དབེན་ས་པ་ཆེན་པོ་དེ་ཉིད་ཀིས།

རང་གཞན་ལ་འདོམས་པར་མཛད་པའི་ཉམས་མགུར་ཞིག་ཏུ་བཤེས་གཉེན་བརེན་ ཚུལ་ནས་ཞི་ལྷག་གི་བར་བཀའ་གདམས་ལམ་རིམ་ལར་གདམས་ནས།མཇུག་ཏུ་ བཤད་མ་ཐག་པའི་ལམ་འདི་མ་ཡིན་པ་ད་ལའི་གངས་ཅན་པ་ལ་མ་གགས་པའི། ཕྱག་རྒྱ་ཆེན་པོའི་གདམས་ངག་མཐར་ཐུག་པ། ད་ལ་ཡི་གེར་འགོད་པར་མི་ནུས་སོ།

ཞེས་དེ་དུས་དགག་བྱའི་དབང་གིས་མི་འགོད་པ་ཕྱི་དུས་ལ་དགོངས་པ། དཔེར་ན་ དམ་ཆོས་པད་དཀར་ཅ།

[*Créditos e Dedicação*]

Estas palavras foram escritas pelo renunciante Losang Chokyi Gyaltsen, que ouviu muitos ensinamentos. Por esse mérito, todos os seres migrantes podem rapidamente se tornar conquistadores por este caminho que tem apenas uma porta para a liberação.

Tendo visto que as oito preocupações mundanas são como um drama de lunáticos, Gendun Gyaltsen, com o grau dos dez campos do conhecimento, e Sherab Sengye, de Hartong, com o grau dos dez assuntos mais árduos, vivem de acordo com a conduta de *rishis* nos vales isolados das montanhas e seguem este caminho como essência de sua prática. Muitas vezes eles me pediram que introduzisse o mahamudra deste modo.

Em particular, o próprio grande Ensapa, o onisciente conquistador e senhor dos mestres com realizações, disse:

> Escrevi uma explicação semelhante ao *Lam-rim* dos Kadampas – que parte da maneira correta de confiar no mestre espiritual e vai até a obtenção da excelência da quietude mental e da visão extraordinária – em uma canção de realizações, como conselho para mim e para os outros, sem incluir, no final, este caminho que acaba de ser explicado. Não sou capaz de registrar a instrução suprema do mahamudra que não é bem conhecida na Terra das Neves.

O que não foi registrado naquele momento, devido a restrições, foi planejado para um período posterior. Isso é entendido por uma afirmação que se estabelece, por exemplo, pela declaração do *Sutra de Lótus*:

སངས་རྒྱས་ཡེ་ཤེས་རབ་ཏུ་རྟོགས་བྱའི་ཕྱིར།།
ཐབས་འདི་རང་བྱུང་གིས་ནི་མཛད་གྱུར་གི།།
དེ་དག་རྣམས་ལ་ཁྱེད་ཅག་སངས་རྒྱས་སུ།།
འགྱུར་རོ་ཞེས་ནི་ནམ་ཡང་མི་གསུང་ངོ་།།
ཅི་ཕྱིར་ཞེ་ན་སློབ་པ་དུས་ལ་གཟིགས།།

ཞེས་གསུངས་པ་དང་འདྲ་བའི་བཞེད་པ་བསྒྲུབ་པའི་ཕྱིར། སོན་པ་མཉམ་མེད་ཤཱཀྱའི་ རྒྱལ་པོ་ནས་བཟུང་སེ། བདག་གི་རྩ་བའི་བླ་མ་ཐམས་ཅད་མཁྱེན་ཅིང་གཟིགས་པ་ སངས་རྒྱས་ཡེ་ཤེས་ཞབས་ཀྱི་ཞལ་ས་ནས་ཀྱི་བར། ལམ་འདི་མངོན་སུམ་དུ་ཐུགས་ ཉམས་སུ་བསར་བའི་བྱིན་རླབས་ཀྱི་བརྒྱུད་པ་མ་ཉམས་ཤིང་། དམ་ཚིག་ལ་སེལ་མ་ ཞུགས་པའི་རིགས་སུ་བྱུང་ཞིང་མདོ་རྒྱུད་དམ་པའི་མན་ངག་འཛིན་པའི་སྤྱོང་བ་པ་ བློ་བཟང་ཆོས་ཀྱི་རྒྱལ་མཚན་གྱིས། དགེ་ལྡན་རྣམ་པར་རྒྱལ་བའི་གླིང་དུ་སྦྱར་བའོ།།

Como se trata de um objeto a ser completamente
realizado pela pura sabedoria de um Buda,
Jamais diga aos que se dedicam a escrever sobre
este método que você é iluminado. Por quê?
Porque aqueles que agem como nosso refúgio le-
vam em consideração o momento.

Eu, Losang Chokyi Gyaltsen, que sustento a instrução imaculada do sutra e do tantra e o fluxo indefinido de bênçãos daqueles que realmente praticam este caminho, tornei-me também parte desta linhagem – a partir do Mestre sem paralelo, o rei dos Shakyas, até o meu próprio guru-raiz, Sangye Yeshe, que tudo sabe e tudo vê. Sem introduzir as impurezas do samaya, compus este texto em Ganden Nampar Gyalwai Ling.

Glossário

ABSOLUTO. *Ver* Autoexistente.

ALUCINAÇÃO. *Ver* Delusão. Alucinação projetada. *Ver* Delusão. Visão alucinada. *Ver* Delusão.

APEGO. *Ver* Desejo.

ATENÇÃO PLENA. Fator mental ou estado de *mente essencial à meditação unifocada*, que observa problemas, como quando a *atenção plena* está fraca, e ajuda a recolocar a mente na direção correta.

ATENÇÃO PLENA. Memória. Estado *mental* ou fator mental que permite que uma pessoa não esqueça o que está fazendo a cada momento. Foi desenvolvido na *meditação de quietude mental* e permite que o meditador mantenha o foco no objeto da meditação; isto é suportado pelo *estado* de *alerta*. *Ver também* Peixe da consciência plena.

ATISHA (982-1054). Iogue e estudioso budista, indiano, reverenciado no Tibete, onde passou os últimos anos de sua vida. Seu texto *A luz no caminho* foi usado por *Tsongkhapa* como base para o seu *Caminho gradual para a iluminação*.

ATISHA CENTER. Centro budista localizado no estado de Victoria, no Sudeste da Austrália, a

150 km ao norte de Melbourne, filiado à Fundação para a Preservação da Tradição Mahayana (FPMT), fundada pelo autor e por Lama Zopa Rinpoche.

AUSÊNCIA DE IDENTIDADE. *Ver* Vacuidade.

AUTOESTIMA EGOÍSTA. Egoísmo.

AUTOEXISTENTE. Absoluto, concreto, dualista, existindo por si mesmo, independente, inerente. A falsa maneira pela qual o eu e todos os outros fenômenos parecem existir, isto é, independente de outros fatores, em particular da mente que os rotula. *Ver também* Mente do ego; Vacuidade; Ego inato.

BODHICITTA. Atitude iluminada. Desejo sem esforço e continuamente presente nas mentes dos *bodhisattvas*, que sustenta todos os seus pensamentos, palavras e ações, de: (1) beneficiar somente os outros; e (2) nunca desistir da conquista da *budeidade* para o bem dos outros seres, não importa quantas vidas possa levar. O cultivo da bodhicitta é uma das quatro *práticas preliminares* exigidas do estudante para que possa receber os ensinamentos do *mahamudra*.

BODHISATTVA. Alguém que realizou a *bodhicitta*.

BUDA EM JEJUM. Buda magro. A representação de *Buda Shakyamuni* durante seu retiro de jejum restrito de seis anos, antes de sua *iluminação*.

BUDA POTENCIAL. Potencial natural de todos os *seres sencientes* de se tornarem *Buda*; a natureza última da *mente*, sua *vacuidade*. *Ver também* Natureza convencional da mente.

BUDA SHAKYAMUNI (aproximadamente, 563–483 AEC). O quarto dos mil *Budas* fundadores da atual era mundial, o Senhor Buda nasceu príncipe do clã Shakya no norte da Índia; renunciou ao seu reino e alcançou a *iluminação* com a idade de 35 anos, depois deu ensinamentos até morrer com a idade de 80 anos.

BUDA. Aquele que, tendo alcançado a *iluminação*, possui: (1) a compaixão sem esforço para beneficiar todos os *seres sencientes*; (2) a *sabedoria* – onisciência – que sabe como beneficiá-los, e o poder de fazê-lo. Quando em letra inicial maiúscula, refere-se ao *Buda Shakyamuni*, o Buda histórico. *Ver também* Bodhicitta; Buda potencial; Sabedoria.

BUDADHARMA. Dharma, ensinamentos. Os ensinamentos de *Buda Shakyamuni*. *Ver também* Refúgio.

BUDEIDADE. *Ver* Iluminação.

CAMINHO DO MEIO. Livre dos extremos do eternalismo e do niilismo. A filosofia do caminho do meio foi articulada por *Nagarjuna*. *Ver* também Vacuidade; Interdependência.

CAMINHO GRADUAL PARA A ILUMINAÇÃO (tib. *lam-rim*). Organização passo a passo dos ensinamentos de *Buda Shakyamuni* dados por *Tsongkhapa*, apresentado como meditações a serem internalizadas, com base em *A luz do caminho*, de Atisha.

CANAIS. Segundo o *tantra*, 72 mil canais que, com os *ventos* e a *kundalini*, constituem o corpo sutil. *Ver também* Fogo interior; Mahamudra tântrico.

CANAL CENTRAL. *Ver* Canais.

CARMA. Ação. Lei natural de causa e efeito que se manifesta na mente e na vida dos seres sencientes. As ações intencionais do corpo, da fala e da mente amadurecem no futuro como (1) um tipo de renascimento; (2) uma tendência a continuar pensando ou realizando determinada ação; (3) uma experiência semelhante a uma ação; e (4) um resultado ambiental. As ações motivadas por *estados mentais positivos* amadurecem como felicidade, e aquelas motivadas por delusões amadurecem como sofrimento. Por exemplo, a ação de não matar resultará em (1) renascimento humano; (2) tendência a não matar; (3) experiência de não ser morto ou morrer jovem; e (4) ter um corpo saudável e viver em um ambiente benigno e agradável. *Ver também* Liberação; Samsara.

CHACRAS. Localizam-se ao longo do canal central, no qual vários *canais* se entrelaçam. *Ver também* Fogo interior; *Kundalini*; Mahamudra tântrico; Ventos.

CHANDRAKIRTI. Indiano do século VI que explicou a apresentação de *Nagarjuna* sobre os ensinamentos do *caminho do meio* e cujos textos são a base do estudo desses ensinamentos em todas as tradições tibetanas.

CINCO AGREGADOS. Todos os fenômenos impermanentes podem ser divididos nesses cinco; aqui usados para se referir aos componentes impermanentes de um *ser senciente*: (1) forma: o corpo; (2) sentimento: agradável, desagradável ou indiferente; um estado do grupo de estados mentais conhecido como os cinquenta e um fatores mentais; (3) discriminação: outro dos fatores mentais, que distingue uma coisa da outra; (4) fenômenos compostos não associados: todos os fenômenos impermanentes, exceto os quatro agregados acima, inclusive os quarenta e nove fatores mentais restantes; frequentemente denominados "formação cármica" ou "ação composta", bem como "volição" ou "intenção", outro dos cinquenta e um fatores mentais, devido a seu papel central nas experiências dos seres sencientes; e (5) consciência: conhecida como consciência primária ou principal; *consciência mental* e as cinco *consciências sensoriais*.

CLARA LUZ. Refere-se à (1) pureza natural ou à natureza *não dual* da *mente* ou (2) ao nível mais sutil da mente. *Ver também* Dissoluções; Mahamudra tântrico.

CLARIDADE DA MENTE. Natureza convencional da *mente*; o objeto de *concentração* na *meditação mahamudra*. *Ver também* Potencial de buda.

CLARIVIDÊNCIA. Capacidade natural da *mente*, em um nível mais sutil, de reconhecer os fenômenos que *a consciência conceitual* e *sensorial* não consegue, como o passado, o futuro, os pensamentos dos outros e assim por diante. Consequência natural de se ter realizado a *quietude mental*.

CONCEITO ARTIFICIAL. *Ver* Delusão.

CONCEITO CONTRADITÓRIO. *Ver* Delusão.

CONCEITO DUALÍSTICO. *Ver* Delusão.

CONCEITO EQUIVOCADO. *Ver* Delusão.

CONCEITO IMPURO. *Ver* Delusão.

CONCEITO LIMITADO. *Ver* Delusão.

CONCENTRAÇÃO UNIFOCADA. *Ver* Quietude mental.

CONCENTRAÇÃO UNIFOCADA. *Ver* Quietude mental.

CONCENTRAÇÃO. (sânscr.: *samadhi*). *Ver* Quietude mental.

CONSCIÊNCIA MENTAL. Um dos dois modos pelos quais a *mente* funciona, o outro sendo o modo *sensorial*. No nível grosseiro, há os *pensamentos conceituais*, que incluem os vários pensamentos e sentimentos da vida cotidiana. O nível mais sutil é não *conceitual* e é usado na *meditação da quietude mental* para se alcançar a *realização* do *mahamudra*.

CONSCIÊNCIA SENSORIAL. Parte da *mente* que atua por intermédio dos cinco sentidos para conhecer seus objetos, como som, cheiro, sabor etc. *Ver também* Consciência mental.

CONSCIÊNCIA. *Ver* Mente.

CONVENCIONAL. Artificial, superficial. Forma pela qual o eu e todos os fenômenos existem convencionalmente, isto é, relativamente, *interdependentemente*. *Ver também* Vacuidade.

DEIDADE IOGA. Prática tântrica de se visualizar como uma deidade, um *buda*. *Ver também* Mahamudra tântrico.

DELUSÃO. Conceito artificial, conceito contraditório, pensamento deludido, enigmas dualísticos, pensamento dualista, pensamento fanático, fantasia, alucinação, projeção alucinada, visão alucinada, conceito impuro, conceito limitado, equívoco, conceito errôneo, energia mental negativa, projeção, superstição, concepção incorreta. Uma das três categorias de estados mentais *conceituais* – os outros são positivos e neutros –, esses estados negativos, como *desejo*, raiva, inveja, e a ilusão-raiz *da mente do ego*, são a causa dos sofrimentos do *samsara*, mas são casuais e, portanto, podem ser eliminados. *Ver também* Vacuidade; Iluminação; Liberação.

DESEJO. Apego, aferramento. Com base na *delusão*-raiz, na *mente do ego*, ilusão que exagera as qualidades agradáveis de uma pessoa, evento, ação, objeto etc., com base no falso pressuposto de que tê-lo ou realizá-lo causa felicidade, o que dá origem à expectativa, à possessividade e ao medo de perdê-lo. De acordo com os ensinamentos de Buda sobre as *quatro nobres verdades*, efetivamente, principal causa de sofrimento na vida cotidiana. *Ver também* Samsara.

DHARMA. *Ver* Budadharma.

DHARMAKIRTI. Estudioso indiano do século VII, famoso por seus escritos sobre epistemologia.

DISSOLUÇÕES. Segundo o *tantra*, os oito estágios da desconstrução dos componentes físicos e mentais de uma pessoa no momento da morte, que culminam na mente da *clara luz*; *iogues* e *ioguines* vivenciam-nas no decorrer de suas meditações. *Ver também* Fogo interior.

DUALÍSTICO. *Ver* Autoexistente.

EGO INATO. *Self* dualista, ego, eu-fantasia, *self* imaginário, *self* independente, ego intuitivo, *self* real, autoentidade, ego nascido simultaneamente. *Self* que parece existir por si mesmo, e que não existe, mas em que os seres comuns, por causa da *mente* do *ego*, acreditam totalmente. Essa crença sempre esteve presente, causando os sofrimentos do *samsara*, e é interrompida pela realização da *vacuidade*. *Ver também* Carma; Autoexistente.

EGO NASCIDO SIMULTANEAMENTE. *Ver* Mente do ego.

EGO. *Ver* Ego inato.

ENERGIA MENTAL NEGATIVA. *Ver* Delusão.

ENERGIA NEGATIVA. *Carma* negativo. *Ver* Delusão.

ENIGMA DUALÍSTICO CONFUSO. *Ver* Delusão.

EQUILÍBRIO. *Ver* Quietude mental.

EQUÍVOCO. *Ver* Delusão.

ESTADOS POSITIVOS DE MENTE. Estados *mentais*, como amor, compaixão e *sabedoria* que, segundo o *Buda*, estão no centro de todos os *seres sencientes* e que são aperfeiçoados quando se alcança a *iluminação*. *Ver também* Delusão.

EXISTENTE A PARTIR DE SI MESMO. *Ver* Autoexistente.

FANTASIA. *Ver* Delusão.

FOGO INTERIOR (tib. *tumo*). Técnica de *meditação* tântrica para acessar a *consciência da clara luz* e alcançar o *mahamudra tântrico*. *Ver também* Dissoluções; Mahamudra tântrico.

GELUG. Uma das quatro principais tradições do budismo tibetano, fundada por *Tsongkhapa*; tradição do autor. As outras três tradições são: *Nyingma*, *Kagyu* e *Sakya*.

GESHE (tib.). Título dado aos formandos dos programas de estudo, que duram cerca de vinte anos, e que são ministrados em mosteiros como Sera, onde o autor foi educado.

GRANDE PERFEIÇÃO (tib. *dzogchen*). Prática semelhante ao *mahamudra*, ensinada na tradição *Nyingma* do budismo tibetano.

GRANDE SELO. *Ver* Mahamudra.

GURU (tib. *lama*). mestre espiritual. (1) Guru relativo, professor de alguém na forma humana, e (2) guru interno, a sabedoria própria.

GURU BUDA SHAKYAMUNI. *Ver* Guru ioga.

GURU BUDA. *Ver* Guru ioga.

GURU IOGA. Prática formal de visualização do *guru* de alguém como uno e o mesmo que um *buda.* Uma das quatro *práticas preliminares* exigidas de um estudante para receber os ensinamentos do *mahamudra. Ver também* Ioga da deidade.

GURU-RAIZ. *Guru* principal da pessoa.

IGNORÂNCIA. *Ver* Mente do ego.

ILUMINAÇÃO. *Budeidade*, completude, totalidade, entendimento universal. Estado alcançado quando uma pessoa aperfeiçoa as realizações da *vacuidade* e da *bodhicitta*. Segundo o *Mahayana*, o potencial natural de todos os *seres sencientes. Ver também* Potencial de buda.

INDEPENDENTE. *Ver* Autoexistente.

INERENTE. *Ver* Autoexistente.

INTERDEPENDENTE. Dependente, originação dependente. O modo como o eu e todos os outros fenômenos existem *convencionalmente:* na dependência de vários fatores, em particular da *mente* que os rotula. A principal lógica para provar a *vacuidade.*

IOGUE. Praticante tântrico masculino realizado.

IOGUINE. Praticante tântrica feminina realizada.

KAGYU. Uma das quatro principais tradições do budismo tibetano. A tradição Kagyu descende de *Naropa* e *Milarepa* e considera o *tuma* de suas práticas centrais.

KUNDALINI. "Gotas" (tib. *Tigle*); um dos componentes do corpo sutil, juntamente com *canais, chakras* e *ventos. Ver também* Mahamudra tântrico.

LAMAS DE LINHAGEM. Praticantes que transmitem ensinamentos ou práticas de um para o outro em uma linha ininterrupta.

LAM-RIM. *Ver* Caminho gradual para a iluminação.

LIBERAÇÃO. Nirvana. Cessação do *samsara. Ver também* Iluminação.

MAHAMUDRA TÂNTRICO. Realização da sabedoria bem-aventurada transcendental alcançada pelo *iogue* ou *ioguine* que acessou a mente de *clara luz* praticando técnicas como o *fogo interior.*

MAHAYANA. O "Grande Veículo". Os ensinamentos de *Buda* conforme expressos na literatura da *Perfeição da Sabedoria*; caminho percorrido por um *bodhisattva.*

MANJUSHRI. Buda da Sabedoria.

MARPA. Tradutor e iogue do século XI, discípulo de *Naropa* e principal guru de *Milarepa*; fundador da tradição *Kagyu*; detentor de muitas linhagens tântricas, inclusive a do *mahamudra.*

MEDITAÇÃO MAHAMUDRA. "Grande selo". Um método para realizar a *vacuidade. Ver também* Mahamudra tântrico.

MEDITAÇÃO. Atividade da *consciência mental.* Há dois modos de meditação, nomeados pelo resultado: *quietude mental e visão extraordinária. Ver também* Mahamudra; Mente; Consciência sensorial.

MENTE DO EGO. Em geral chamada de ignorância (tib.: *marigpa*), essa *delusão*-raiz ou delusão principal crê no eu autoexistente e em todos os outros fenômenos; dá origem a outras delusões. A mente do ego é destruída pela realização da *vacuidade*, levando à *liberação do samsara* e, quando combinada com a *bodhicitta,* à *iluminação. Ver também* Ego inato.

MENTE. Consciência. Definida como o que é claro (não físico) e conhecedor (capaz de conhecer o que existe). Não tendo nem começo e nem fim, não é obra de um criador ou obra dos pais. A mente é essencialmente pura, pois as *delusões* são casuais e, portanto, podem ser eliminadas. *Ver também* Potencial de buda; Consciência mental; Consciência sensorial.

MILAREPA (1040–1123). *Iogue* e poeta tibetano ascético, principal discípulo de *Marpa*, famoso por sua prática intensiva, devoção ao seu *guru*, e por diversas canções de realização espiritual. Milarepa obteve a *iluminação* em uma única vida.

NAGARJUNA. Estudioso indiano e iogue do segundo século que, ao apresentar a filosofia do *caminho do meio*, esclareceu o significado dos ensinamentos de Buda sobre a *vacuidade*.

NÃO CONCEITUAL. Em geral, não intelectualizado; especificamente, um nível de consciência sutil alcançado na meditação da *quietude mental* e usado para realizar o *mahamudra*. *Ver também* Pensamentos conceituais; Consciência mental; mente; Consciência sensorial.

NÃO-AUTOEXISTÊNCIA. *Ver* Vacuidade.

NÃO-DUALIDADE. *Ver também* Vacuidade.

NAROPA. Iogue indiano do século XI que transmitiu muitas linhagens tântricas, inclusive a do *mahamudra*; discípulo de *Tilopa* e guru de *Marpa*.

NATUREZA CONVENCIONAL DA MENTE. *Ver* Claridade da mente.

NATUREZA INATA DE NÃO-DUALIDADE. O *self* e tudo o mais simplesmente possuem e sempre possuíram a característica da *não-autoexistência*. *Ver também* Vacuidade.

NATUREZA ÚLTIMA. *Ver* Vacuidade. Realidade suprema. Unidade.

NIILISTA. Equívoco de pensar que, porque tudo é vazio de *autoexistência*, nada existe. *Ver também* Vacuidade.

NIRVANA. *Ver* Liberação.

NYINGMA. A mais antiga das quatro principais tradições budistas tibetanas, que considera a *Grande Perfeição* sua mais alta prática.

ÓDIO. Juntamente com *apego* e *ignorância*, uma das três principais *delusões*.

ONISCIENTE. *Ver* Sabedoria.

PANCHEN LAMA LOSANG CHOKYI GYALTSEN (1570–1662). Guru do Quinto Dalai Lama e autor do texto-raiz da tradição oral Gelug, mahamudra, que é a base dos ensinamentos deste livro.

PARAMITAYANA. "Veículo da perfeição". Ensinamentos *Sutrayana* do *Mahayana*. *Ver também* Tantrayana.

PEIXE DA ATENÇÃO PLENA. A referência do autor às instruções no texto raiz de Panchen Lama: "Desse mesmo estado de equilíbrio anterior, investigue inteligentemente, com sutil consciência, a essência do indivíduo que está meditando, como um peixe pequeno que se move em águas translúcidas sem causar qualquer perturbação".

PENSAMENTO DUALISTA. *Ver* Delusão.

PENSAMENTO FANÁTICO. *Ver* Delusão.

PENSAMENTOS CONCEITUAIS. Das duas maneiras pelas quais a *mente* funciona, *sensorial* e *mentalmente*, todas as experiências mentais da vida cotidiana – inclusive *delusões*, como *desejo*, raiva e delusão-raiz, *mente do ego* e estados mentais positivos, como o amor e a compaixão – são sustentados pelos pensamentos conceituais. *Ver também* Não conceitual. Concreto. *Ver* Autoexistente. Pensamentos confusos. *Ver* Delusão.

PERFEIÇÃO DA SABEDORIA. *Ver* Mahayana.

PRÁTICAS PRELIMINARES. Práticas que preparam a mente de uma pessoa para receber ensinamentos elevados. Quatro preliminares para a prática do *mahamudra*: *bodhicitta, guru ioga, refúgio* e *vajrasattva*.

PROJEÇÃO. *Ver* Delusão.

QUATRO NOBRES VERDADES. Essas verdades para os nobres, aqueles que as realizaram, foram o primeiro ensinamento de *Buda* após a *iluminação*: (1) há o sofrimento; (2) há as suas causas; (3) há a possibilidade de interromper o sofrimento e suas causas; e (4) existem métodos para fazê-lo.

QUIETUDE MENTAL (sânsc.: *shamata*). Estado sutil de concentração unifocada ou unidirecionada, para além da *consciência conceitual* e *sensorial*, durante o qual o meditador *mahamudra* se concentra sem esforço na *claridade da mente* que, quando combinada com a *visão extraordinária*, traz a realização da *vacuidade*.

RAIVA. *Ver* Ódio.

REALIDADE UNIVERSAL. *Ver* Vacuidade.

REALIZAÇÃO. Compreensão *não conceitual* de qualquer um dos pontos do caminho para a *iluminação*. *Ver também* Quietude mental.

REFÚGIO. Confiança no *Buda*, no *Dharma* e na *Sangha*; uma das quatro *práticas preliminares* exigidas para que o estudante receba os ensinamentos do *mahamudra*.

RELATIVO. *Ver* Interdependente.

RENÚNCIA. A renúncia aos sofrimentos do *samsara* e às suas causas: *carma* e *delusões*.

SABEDORIA DA CLARA LUZ. *Ver* Sabedoria.

SABEDORIA DE ÊXTASE TRANSCENDENTAL. *Realização* da *vacuidade* unificada com o êxtase alcançado pelo *iogue* ou *ioguine* em práticas como o *fogo interior*.

SABEDORIA ONIPRESENTE. *Ver* Sabedoria.

SABEDORIA PURA. *Ver* Sabedoria.

SABEDORIA. Em geral, inteligência, conhecimento; especificamente, o oposto da mente do ego: sabedoria da clara luz, sabedoria onipresente, onisciência, sabedoria imaculada – em outras palavras, a sabedoria da *mente* de um *Buda*, que vê tudo como é e que permeia a existência.

SAKYA. Uma das quatro principais tradições do budismo tibetano.

SAMADHI. *Ver* Concentração.

SAMAYA. Compromisso do praticante para com o seu *guru*, de cumprir sua palavra de honra ou concordar em fazer certas práticas, inclusive a de manter os seus *votos*.

SAMSARA. Ciclo de existência. *Seres sencientes* são compelidos a circular pelos reinos do samsara, desde que sejam limitados por *delusões* e *carmas*: o reino da forma, o reino sem forma e o reino do desejo. O reino dos desejos, por sua vez, possui seis tipos de seres: deuses, semideuses, seres humanos, animais, fantasmas famintos (preta) e seres do inferno.

SANGHA. Comunidade espiritual. Terceiro objeto de *refúgio*.

SEIS ELEMENTOS. Divisão dos componentes de uma pessoa: terra, água, fogo, ar, espaço e consciência.

SERES SENCIENTES (tib. *semchen*, "possuidor da mente"). Todos os outros seres além dos Budas. Seres sencientes que não realizaram a vacuidade e ocupam os seis reinos do samsara.

SHANTIDEVA. Iogue indiano do século VIII, estudioso do mosteiro indiano de Nalanda, que floresceu entre os séculos VIII e XI. Seus ensinamentos – em particular o *Guia do modo de vida do bodhisattva* – são reverenciados pelos budistas tibetanos. *Ver também* Bodhicitta; Treinamento mental.

SUPERSTIÇÃO. *Ver* Delusão.

SUTRAYANA. Aqui se refere aos ensinamentos Mahayana de Buda, conforme contidos na literatura sobre a *Perfeição da Sabedoria*.

TANTRA. *Ver* Tantrayana.

TANTRAYANA. Tantra budista. Nível mais sofisticado do caminho de *Buda* para a iluminação, iniciado quando um praticante tem pelo menos uma sincera compreensão de *renúncia, bodhicitta e vacuidade*. *Ver também* Ioga da deidade; Fogo interior; Mahamudra tântrico.

TILOPA. Iogue indiano do século X e guru de *Naropa*; lama de linhagem de muitos ensinamentos tântricos, inclusive aqueles sobre o *mahamudra*.

TOTALIDADE. *Ver* Vacuidade.

TREINAMENTO DA MENTE (tib., *lojong*). Termo usado para se referir aos métodos mais radicais para a realização da *bodhicitta*, expresso na prática de se trocar por outros (tib., *tonglen*), popularizado no Tibete por Atisha e seus seguidores. Teve origem na literatura de mestres como *Shantideva*.

TRIJANG RINPOCHE (1901–1981). Tutor de Sua Santidade, o décimo quarto Dalai Lama, e *guru-raiz* do autor deste livro.

TSONGKHAPA (1357–1419). Erudito, iogue, professor e fundador da Tradição Gelug do budismo tibetano.

VACUIDADE. Mahamudra, não-dualidade, caráter do não-eu, não-*autoexistência*, ausência de identidade, totalidade, natureza última, realidade última, unidade, realidade universal. Natureza última de tudo que existe – um Buda, um eu, uma coisa, um evento, uma ação. Como tudo existe *interdependentemente*, é vazio de existir a partir de si mesmo; a ausência, em tudo, dessa maneira impossível de existir. *Ver também* Ego-mente; Liberação; Visão especial; Sabedoria.

VAJRASATTVA. Manifestação de Vajradhara, a forma na qual *Buda Shakyamuni* se manifesta para dar ensinamentos do *tantra*. A visualização de Buda e a recitação de seu mantra é uma das quatro *práticas preliminares* necessárias para que se receba ensinamentos do *mahamudra*.

VENTO. Segundo o *tantra*, energia sutil do ar que percorre os canais do sistema nervoso sutil que está inexoravelmente ligada aos vários estados de *mente*: é dito que "a mente cavalga nos ventos". *Ver também* Chacras; Fogo interior. *Ver também* Samaya; Votos.

VINAYA. Instruções de Buda sobre a disciplina monástica.

VISÃO EXTRAORDINÁRIA (sânscr. *vipashyana*). Refere-se ao tipo de meditação que leva à realização da vacuidade e à própria *realização*. *Ver também* Quietude mental.

VOTO TÂNTRICO DE RAIZ. *Ver* Votos.

VOTOS. Decisões formais em favor da abstenção de certas ações do corpo e da fala de acordo com os três níveis de ensinamentos e práticas: liberação individual, *bodhisattva* e *tantra*. *Ver também* Samaya; Vinaya.

Sobre o autor

Lama Thubten Yeshe (1935–1984) nasceu no Tibete e foi educado, a partir dos seis anos, na grande Universidade Monástica Sera, de Lhasa. Pouco tempo depois de conhecer seus primeiros alunos ocidentais, no fim dos anos 1960, Lama Yeshe fundou o Monastério de Kopan, perto de Boudhanath, no Nepal. Lá, além de oferecer educação monástica tradicional aos monges locais (e, posteriormente, também às monjas), Lama Yeshe e seu discípulo principal, Lama Zopa Rinpoche, também ministraram cursos e retiros para estudantes estrangeiros. A pedido deles, Lama Yeshe fundou centros na Austrália, nos Estados Unidos e na Europa e, em 1975, deu a esse grupo crescente de atividades o nome de Fundação para a Preservação da Tradição Mahayana (FPMT). Atualmente, a FPMT abrange mais de 160 centros, mosteiros, projetos e serviços em todo o mundo, sob a orientação espiritual de Lama Zopa Rinpoche.

Outros livros de Lama Yeshe: *Introdução ao tantra, Energia da sabedoria, A felicidade do fogo interior, Tornando-se Vajrasattva, Tornando-se o Buda da Compaixão* e *Quando o chocolate acaba.*

Sobre a editora

Monja budista desde o fim dos anos 1970, a Venerável Robina Courtin trabalha em período integral para a FPMT, fundada por Lama Yeshe e Lama Zopa Rinpoche. Ao longo dos anos, atuou como chefe de conteúdo da Wisdom Publications, editora da *Revista*

Mandala, diretora-executiva do Liberation Prison Project e professora de budismo. Sua vida, inclusive seu trabalho com prisioneiros, foi destaque nos documentários *Chasing Buda* e *Key to freedom.*

O selo eureciclo faz a compensação ambiental das embalagens usadas pela Editora Lúcida Letra.

Que muitos seres sejam beneficiados.

Para mais informações sobre lançamentos da Lúcida Letra, cadastre-se em www.lucidaletra.com.br

Este livro foi impresso em junho de 2020
na gráfica da Editora Vozes, em papel Avena 80g,
com as fontes Bagatela, Sabon e Microsoft Himalaya.